Christiane Hörbiger
Ich bin der Weiße Clown

Christiane Hörbiger

Ich bin der Weiße Clown

Lebenserinnerungen

Mit 112 Abbildungen
sowie Verzeichnissen der Theater-, Film-
und Fernsehrollen

Langen*Müller*

Besuchen Sie uns im Internet unter
www.langen-mueller-verlag.de

© 2008 by Langen*Müller* in der
F. A. Herbig Verlagsbuchhandlung GmbH, München
Alle Rechte vorbehalten
Umschlaggestaltung: Wolfgang Heinzel
Umschlagbild: Thomas Ramstorfer, Wien
Herstellung und Satz: VerlagsService Dr. Helmut Neuberger
& Karl Schaumann GmbH, Heimstetten
Gesetzt aus der 10,5/13,2 Punkt GaramondBQ Regular
Druck und Bindung: GGP Media GmbH, Pößneck
Printed in Germany
ISBN 978-3-7844-3150-5

Inhalt

Wie fange ich an? 7
Tirol 15
Kindheit 27
Lachen 36
Freunde 49
Kochen 62
Wie ich den Tag überliste 72
»Jedermann« 75
Kortner 83
Amerika! 90
Reisen 105
Zürich 117
Angst 123
Ich bin der Weiße Clown 134
Projekte 137
»Die Betrogene« 141
Großeltern 152
Der Onkel Paul 168

Lesen 176
Luca!!! 182
Mein Gästebuch 191
Ehrungen 201
Meine Rosen 212
Abschied von meiner Mutter 215

Lebensdaten 230
Rollenverzeichnis Theater 232
Filmografie 256
Fernsehen 264
Namenverzeichnis 282
Bildnachweis 288

Wie fange ich an?

Es geht nicht um den berühmten ersten Satz. Von diesem Problem bin ich weit entfernt.
Das ist auch kein Vorwort. Eher Hilferuf, Ausdruck der Verzweiflung, schriftliches Kopfschütteln über die eigene Courage.
Aber nun ist es vereinbart, ich habe einen Vertrag, jetzt wird also geschrieben. Geschrieben werden müssen.
Eines ist sicher, ich schreibe nicht eine Autobiografie, die mit der Gegenwart schließt und mit meiner Geburt begonnen hat. Eine solche Biografie gibt es ja schon, der Mann an meiner Seite, Gerhard Tötschinger, hat sie geschrieben. Zu oft habe ich gedacht, dies oder das sollte ich aufschreiben, möchte ich nicht vergessen. Ich werde einfach vor mich hin erzählen, was mir eben erzählenswert erscheint.
Jetzt sitze ich vor einem großen alten Reisekoffer voller Erinnerungen – Fotos, Programmhefte, Textbücher, Illustrierte, Briefe, merkwürdige Gegenstände. Woher habe ich diesen kleinen Elefanten? War er einmal als Talisman gedacht? Ist er überhaupt von mir? Telegramme! Glückwünsche zu Premierenabenden, in

einer Form, die längst Teil der Geschichte ist. Ein Telegramm? Wer weiß noch, was das ist? Titelblätter, Kritiken, Verträge, Zeichnungen …
Der Boden des großen Koffers ist noch lange nicht in Sicht.
Freilich hatte ich mein Leben lang nicht nur mit auswendig gelernten Texten zu tun, ich schrieb sie manchmal auch selbst. In seinem Buch hat Gerhard meine Geburtstagsrede für Leopold Lindtberg in der vollen Länge zitiert, in einem anderen Buch habe ich *Mein Elternhaus* geschildert. Aber da ging es immer um ein überschaubares Thema – die Himmelstraße 24 in Wien, wie sie halt damals war, und eine etwas ausführlichere Gratulation für einen großen Regisseur und Theaterdirektor.

Mein Vater hat mir in vielen Rollen gefallen, der Knieriem in Nestroys Komödie *Lumpazivagabundus* war eine seiner Paraderollen. Darin sah er sich vor einem ähnlichen Problem, nur geht es nicht ums Schreiben, sondern ums Lesen. Der Schuster Knieriem und sein Freund, der Schneider Zwirn, haben einen Brief von ihrem früheren Kumpel Leim bekommen:

ZWIRN: Ah, da bin ich neugierig, Schuaster, bist du auch neugierig?
KNIERIEM: Freilich bin ich neugierig.
ZWIRN: (gibt ihm den Brief) No, da hast, les!
KNIERIEM: Weißt, i lies nit gern.
ZWIRN: Ich leset wieder für mein Leben gern, aber ich kann nit lesen.
KNIERIEM: Bei mir ist das nämliche der Fall.

Also, geschrieben muss werden. Um es mit Karl Valentin zu sagen: Ich beginne mit dem Anfang.

Halt! Warum fange ich an?

Ich hatte ja schon einmal versprochen, ich würde sie selbst schreiben, meine Biografie! Damals, 1993, hatte ich es mir schön vorgestellt, in Zürich, im obersten, schmalen Stockwerk unseres Hauses in der Altstadt am Schreibtisch zu sitzen – am Schreibtisch von Gerhards Großvater, an dem schon zwei Generationen davor saßen, und im Haus, das mein verstorbener Mann Rolf Bigler für seine kleine Familie gekauft hatte: für ihn selbst, unseren Sohn Sascha, mich. Dort ist er immer gesessen, schreibend im Anzug und mit Krawatte, denn für ihn gehörte sich das so. Aber es sollte nicht sein: Ich drehte in Berlin, in den Potsdamer Studios Neubabelsberg. Meiner Mutter, Paula Wessely, ging es damals nicht gut, nein, das ist untertrieben, es ging ihr schlecht. Das ist für jede Tochter traurig, aber in diesem Jahr war es besonders schlimm. Man warf ihr in Österreich wieder einmal den NS-Tendenzfilm *Heimkehr* von 1941 vor, von dem sie sich schon mehrmals distanziert, die Art ihrer Mitwirkung als Fehler bezeichnet, besonders den Satz »Wir kaufen nicht bei Juden« zutiefst bedauert hatte. Aber immer wieder kommt eine neue Generation, meint etwas Neues zu entdecken, und alles beginnt von vorne. So war es eben auch 1993.
Das alles hat mich sehr belastet, bekümmert, traurig gemacht. Ich habe meine Mutter in Wien besucht, wann immer es möglich war, doch es war eben oft auch nicht möglich …
Und so fehlte mir nach den ersten zwanzig Seiten der Mut zum Schreiben, die Zeit wurde knapp. Ich musste mich sehr auf

meine Rolle in einer großen Filmproduktion konzentrieren. Stattdessen schrieb Gerhard Tötschinger das *Portrait aus der Nähe*.

Das klingt so einfach, aber gerade das war es gar nicht. Gerhard sagte Ja und begann sofort zu schreiben. Doch er hatte in den Tagen dieser Zusage in Basel inszeniert, Shakespeares *Sommernachtstraum*, tägliche Proben, stundenlang, und nur wenige Tage nach der Premiere musste er weiter, nach Salzburg, zum Probenbeginn seines Festivals »Fest in Hellbrunn«. Damit waren rund zwei Monate ausgefüllt, und das Buch war für das Herbstprogramm des Verlags angekündigt. Irgendwie hat er es aber eben doch geschafft! Das *Portrait* kam pünktlich heraus und ist seither in vielen Auflagen erschienen, immer wieder aktualisiert.

Nun bin ich dran. Ein Zimmer weiter sitzt Gerhard und schreibt an seinem neuen Buch. Das ist ein nicht unangenehmer Zustand, eine neue Erfahrung in unserer Arbeit. Wir haben gemeinsame Leseabende und Matineen hinter uns, er hat mehrmals mit mir inszeniert, in *Olympia* von Franz Molnár sind wir zusammen auf der Bühne gestanden – aber dass wir beide zur selben Zeit an Büchern arbeiten, das war noch nicht da. Ich kann Gerhard fragen, wo ich nicht ganz sicher bin, ihm ist der Umgang mit Unterlagen, mit Quellen jeder Art von der Wiener Nationalbibliothek bis zu seinem großen eigenen Archiv vertraut. Also:

»Gerhard, eine Frage: Warum schreibe ich dieses Buch?«

»Weil du einen Vertrag hast.«

»Ja, danke, so gescheit bin ich auch. Aber wessen Idee war das eigentlich?«

»Der Verlag und ich, wir haben dir das eingeredet. Weil wir ganz sicher sind, dass du das sehr gut kannst – und du hast es ja auch

schon mehrfach bewiesen! Also – trau dich. Und wenn ich manchmal ein bissel mitreden darf, freue ich mich, so von Dichter zu Dichter.«
Einverstanden. Zudem ist er ja auch der Familienarchivar, rettet die kleinsten Zeitungsartikel vor dem Papierrecycling, hütet tausende Fotos wie das Rheingold. Darüber kann ich manchmal lächeln, aber jetzt bin ich recht froh über diese Sammelwut.

Ich muss nicht schreiben, um mir Fragen zu mir selbst zu beantworten – aber ich sehe, dass es Freude macht, zu erzählen, zu fabulieren.
Schreibend komme ich auf manches Neue, in meinem Inneren. Ich werde heuer siebzig Jahre alt, da kommt schon einiges zusammen an Erinnerungen.
Und da ist schon Gerhards erster

ZWISCHENRUF: »*Ich weiß schon, dass du das nicht selbst erwähnst, aber ich darf: Diese Produktion damals in Berlin, im Frühsommer 1993, die hat* Alles auf Anfang *geheißen, da ist es um Kino gegangen und um Intrigen, eben ums Geschäft, und du hast einen Riesenerfolg gehabt, eine Kritik hat mit den Worten begonnen – da hab ich es:* ›Als deutscher Schauspieler sollte man auf der Vertragsklausel bestehen, nicht an der Seite von Christiane Hörbiger spielen zu müssen.‹ *Denn die Partner würden dann* ›an der Wand picken, wenn die Hörbiger nur mit dem Mundwinkel zuckt‹. *Und da steht aber auch noch:* ›Dass um sie herum einige der wenigen Schauspieler versammelt sind, die eine Hörbiger-Klausel nicht nötig haben, macht diesen Film zum funkelnden Ensemble-Spaß.‹ *Und wenn du mir jetzt diesen meinen ersten Zwischenruf in deinem Buch streichst, kannst du alleine weitermachen.*«

1 Am 10. Juni 1999 feierte Harald Juhnke seinen 70. Geburtstag. Bei der Fernsehaufzeichnung in Wien habe ich die Festrede gehalten.

Nein, nein, ich streiche nicht. Meine Partner waren übrigens Katharina Thalbach, Udo Samel, Harald Juhnke als mein Filmehemann, und Reinhard Münster führte Regie.

Ich habe einen weiteren Grund: Immer wieder hat mir jemand in den letzten Jahren angeboten, über mich zu schreiben, immer wieder habe ich abgelehnt. Man finde beim Schreiben auch zu sich selbst, hat mir jemand erklärt. Das ist auch kein Argument. Manchmal findet jemand so sehr zu sich selbst, dass er nicht mehr aus sich herausfindet und nur mehr von dieser Entdeckung seiner selbst berichtet. Das langweilt. Ich schreibe aus anderen Gründen.

Ich möchte auch nicht, dass plötzlich, wegen des nahenden runden Geburtstags, ein Buch in den Auslagen zu sehen ist, von dem ich gar nichts gewusst habe, das ohne meine Mitwirkung, meine Zustimmung entstanden ist.

Ich denke nach, wie ich das machen werde. Ratschläge habe ich ja einige erhalten. Zum Beispiel: Ich soll möglichst viele lustige Geschichten von Kollegen berichten, Tratsch also, Namen nennen, im Deutsch von heute: *name dropping* betreiben.
Daraus wird nichts. Das liegt mir nicht. Und ich war auch nie in einer Gruppe, einem Freundeskreis, Gang, *Rat Pack*, wasweißich, in dem besonders Außergewöhnliches zu erleben gewesen wäre. Rauschgift, Sexskandal, Partnertausch, Orgie im Studio, leider nein, ich kann nicht dienen.
Und, ehrlich gesagt, ich würde es auch nicht erzählen, wenn ich … Habe ich aber nicht. Ich weiß nichts in dieser Richtung. Ich kann mir auch nicht vorstellen, dass jemand dieses Buch kauft in Erwartung von Sodom und Gomorrha.
Mein siebzigster Geburtstag ist natürlich ein Datum, das einen Wendepunkt im Leben bedeuten kann, an dem man – wieder einmal – Bilanz ziehen soll. Aber auch eine Bilanz werden diese Seiten nicht, vielleicht eine Zwischenbilanz. Ich habe nichts gegen Bilanzen, man soll ja für Ausgeglichenheit im Leben sorgen. Das liegt mir, schließlich bin ich im Sternzeichen der Waage geboren.
Also müsste ich auf die eine Waagschale dies legen, auf die andere das, soll beobachten, wohin sich welche Schale neigt, muss dann überlegen, ob ich nicht, eigentlich und überhaupt … Ich denke nicht daran.
Gelebt wird, basta.
Vor einigen Jahren überraschte mich eine Journalistin mit einer Frage, als ich mich in Hamburg in der Hotelhalle zu ihr gesetzt habe. Wie es käme, dass ich mit meinen damals fünfundsechzig Jahren wie eine viel jüngere Frau wirke?
Ich brauchte eine schnelle Antwort. »Ich schummle mit meinem

Alter!«, sagte ich lächelnd. So stand das dann auch als Überschrift über dem Interview.

Und es ist wahr. Eines Tages drehten wir bei *Zwei Ärzte sind einer zuviel* vor dem Krankenhaus in München-Schwabing. Ich hatte in einem Sportwagen anzukommen, auszusteigen, rasch auf das Spitalstor zuzugehen.

»Bitte zeigen Sie uns einmal, wie lange Sie brauchen: Aus dem Auto raus, Türe zu, zum Tor! Damit ich weiß, wie viel Zeit ich mit der Kamera habe.«

»Gerne«, sagte ich zu dem Kameramann, »aber es ist egal, ich mache das so schnell oder langsam Sie wollen.«

Ich spiele eben, ich sei erst zweiundfünfzig. Das ist nicht immer ganz einfach, klar. Aber ich kann es üben.

Da kommt mir dann manchmal ein Operettentext in den Sinn, aus dem *Vogelhändler* von Carl Zeller: »Aber das macht nichts, wenn man noch jung ist, wenn man nicht übel, wenn man in Schwung ist ...«

»Jung ist ...« lässt sich nur sehr begrenzt vortäuschen, auch wenn man gut »mit dem Alter schummelt«.

»... in Schwung ist ...« – das geht.

Operette als Lebenshilfe.

Viel Vergnügen!

Fazit: Beim Anfang hilft mir Goethe: »Wer das erste Knopfloch verfehlt, kommt mit dem Zuknöpfen nicht zu Rande.«

Tirol

Aus dem tiefsten Grund des Reisekoffers voller Erinnerungen taucht heute ein Dokument auf, ein kleines Stück Papier, eine Seite. Sie berührt mich ganz besonders. Da habe ich Wiedersehen mit einem Schulzeugnis gefeiert, ausgestellt am 17. Februar 1945. Ich war in der Volksschule offenbar sehr an den Wissenschaften interessiert, das Dokument bescheinigt mir »Führung und Haltung: sehr gut«, und auch die »Gesamtleistung«, von Leibeserziehung über Erdkunde und Musik, was wohl alles für höhere Jahrgänge gedacht war, wird hier mit einem »sehr gut« bedacht. Mama, Papa, meine Schwester Elisabeth und ich waren vor dem Bombenkrieg aus Wien nach Tirol geflüchtet, im Herbst 1944. Mit abendlichen Auftritten war dort nicht zu rechnen, seit September 1944 blieben die Theater allesamt geschlossen.
Ich hatte gerade noch den Schulbeginn in Grinzing mitgemacht, in der Volksschule Managettagasse. Dann flüchteten wir über Innsbruck, dort hatte die Mama eine gute Bekannte, nach Sölden im Ötztal. Der Papa hatte wenige Monate vorher in Tirol

2 Mit meiner Schwester Elisabeth im Winter 1940/41 ...

3 ... und als Schulanfängerin in Sölden, etwas grantig

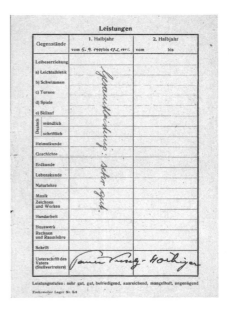

4 Das erwähnte Schulzeugnis

5 Mama, Papa, Elisabeth – und ich, kürzlich eingetroffen

einen Film gedreht, *Ulli und Marei*. Als nun die Bomben auf Wien fielen, auch in der Nacht, erinnerte er sich, dass ihm der Wirt des Hotels Post gesagt hatte: »Wenn es in Wien gefährlich wird, kommt's zu mir!«

Tirol war und ist für einen Hörbiger vertrauter Boden. Bereits 1753 hatte es einen Lambertus Hörbiger in der Wildschönau gegeben, einem besonders markanten Seitental des Unterinntals. 1802 hat Alois Hörbiger, geboren 1770, die Maria Theresia Sandbichler geheiratet, sie hatten neun Kinder. Nur vier von ihnen haben überlebt, alleine 1807 mussten Alois und Maria drei ihrer Kinder begraben.

Nach dem Tod der ersten Frau im Jahr 1818 hat Alois noch einmal geheiratet, mit der zweiten Frau hatte er drei Kinder. Er hat die Zeit des Aufstandes der Tiroler gegen die französisch-bayerische Besetzung mitgemacht, er war Offizier der Wildschönauer Schützenkompanie. Sein Sohn, auch er ein Alois, geboren 1810, war lange Bauer auf der Hörbig, wie der Vater. Das Bauerngut trägt auch heute noch diesen Namen, es liegt in Thierbach.

Dort war eines Tages, zu Weihnachten, die Orgel zu reparieren, mehrere Tasten funktionierten nicht mehr, Ventile waren undicht, manche Pfeifen gaben falsche Töne. Aber das Geld für eine professionelle Reparatur fehlte der kleinen Gemeinde. Da erwies sich Alois als Naturtalent. Der Pfarrer kannte ihn als wach und geschickt, und er hat ihn gebeten, sich die Orgel einmal genau anzusehen, vielleicht fiele ihm etwas ein. Es ist dem Alois etwas eingefallen, und zusammen mit seinem Bruder Bartholomäus hat er diese Reparatur zustande gebracht, hat bei dieser ersten Arbeit sich vieles selbst beigebracht, wurde im Tal bewundert – und sattelte um. Nun zog er als Orgelbauer durch die Monarchie, verließ die Wildschönau und ließ sich in der Hauptstadt von Osttirol nieder, in Lienz.

Sechzig Orgeln, andere Quellen sprechen von sogar achtzig, hat Alois Hörbiger gebaut, in allen Gegenden des damaligen Österreich.

Für eine große Orgel in Wien, achtundvierzig Register, hat er die »Große goldene Medaille für Kunst und Wissenschaft« bekommen. Hinter dieser Ehrung durch Kaiser Franz Joseph ist ein Mann gestanden, der den Bau der Altlerchenfelder Kirche, die zum Symbol für die moderne Kunst ihrer Zeit wurde, sehr gefördert hat, der Kulturminister Graf Leo Thun. Er war auch Gast bei einem Konzert, das Alois Hörbiger in der halbfertigen Kirche gab, inmitten von Baugerüsten und halbfertigen Fresken. Mir gefällt an der Geschichte dieser Hörbiger-Orgel, dass mein Urururgroßvater von einem Mann geschätzt wurde, der mit seiner Macht auch etwas durchsetzen konnte, Graf Leo Thun. Er ist der Urgroßvater von Friedrich von Thun, der mit mir in Hermann Bahrs Komödie *Das Konzert* auf der Bühne gestanden ist, mit dem ich viele gemeinsame Drehtage verbracht habe, mit dem ich oft und viel gelacht habe.

Da war also mein Urururgroßvater ein erfolgreicher Mann, der sich nahe der Residenzstadt Wien angekauft hat, in Atzgersdorf hatte er seine Werkstätte.

Er hatte 1834 eine Kärntnerin geheiratet, Viktoria Ertl aus Dellach im Gailtal. Fünf Kinder hat das Ehepaar gehabt, darunter die Tochter Amalie, geboren 1837. Sie hat sich in einen offensichtlich etwas zu flotten jungen Mann verliebt, der mein Urgroßvater geworden ist.

Leider ist er vorher geflüchtet, nach Paris. Leeb hat er geheißen, viel mehr weiß man nicht von ihm. Er hatte bis zu seiner Reise

nach Frankreich mit Amaliens Vater zusammen immer wieder gearbeitet, er hat die Ornamente für die Orgeln geschnitzt. So kam nun zum technischen Talent das künstlerische, vielleicht hat sich das sogar noch bis zu uns ausgewirkt. Bei meinem Onkel Alfred ist es ja nachgewiesen, er war ein ausgezeichneter Maler.
Das Kind der Amalie Hörbiger hieß Hanns und ist 1860 geboren worden, in Atzgersdorf, mein Großvater. Von Niederösterreich folgte er seiner Familie nach Kärnten, in Dellach hat er die Volksschule besucht.
Damit war endgültig die Familie aus der Tiroler Wildschönau in anderen Gegenden Österreichs angekommen. Alois ist 1872 in Werschetz gestorben, im Banat. Und die Söhne von Hanns Hörbiger wurden in Wien und in Budapest geboren, aber wir bleiben jetzt in Tirol.

Wir sind also in Sölden gelandet, in zweieinhalb Zimmern, die dem Postwirt gehört haben. Elisabeth und ich gingen dort in die Volksschule. Unsere jüngste Schwester Maresa war noch nicht auf der Welt, Mama war bei der Flucht vor den Kriegsgefahren in ihrer Erwartung.
Sölden ist mir deutlich in Erinnerung geblieben. Diese große Veränderung war ein richtiger Einschnitt in das sonst ruhige Leben der Familie, das sich zwischen dem Haus in Grinzing und einem zweiten Haus, eher Jagdhäuschen, in Klingfurth in der Buckligen Welt im südlichen Niederösterreich abspielte. Jetzt war alles anders – dafür sorgten schon die hohen Berge.
Es hat natürlich auch schlimme Erfahrungen gegeben. Wir mussten in der Volksschule das Hakenkreuz üben, und ich konnte mich nie entscheiden, ob diese Haken nach links oder nach rechts zeigen sollten.

Wir waren erst einige Wochen in Sölden, da fiel ich zu St. Nikolaus unter die künftigen Soldaten – »Mi ham's behalten!« wurde gefeiert. Die Burschen machten einem ohnehin schon durch ihr wildes Gehabe Angst, aber als sie mich mit meinen sechs Jahren an der Brücke über das Geländer hielten und drohten, mich in die Ache zu werfen, da blieb mir fast das Herz stehen. Sie haben mich natürlich nicht geworfen, aber wie weiß man das als kleines Mäderl so sicher? Jahrelang habe ich davon geträumt …

Mein Vater hatte sicher nicht damit gerechnet, noch einmal einrücken zu müssen. Aber plötzlich war Attila wieder Soldat, mit fast fünfzig Jahren. Sein Bruder Paul war aufgeflogen als einer, der den Widerstand schon länger auch finanziell unterstützt hatte. Da half ihm auch sein Status als Film- und Bühnenstar nicht, er kam ins Gefängnis. In Wien ist er eingesessen, zum Tode verurteilt. Und in Sippenhaftung musste Bruder Attila also einrücken. In den letzten Tagen des Zweiten Weltkriegs war über das deutschsprachige BBC-Programm zu hören, man habe den berühmten Volksschauspieler Paul Hörbiger hingerichtet. Aber das war eine Radioente, auch wenn es wirklich nur um Stunden ging. Das Kriegsende war dem Schafott knapp zuvorgekommen.
Ausgerechnet die Hamburger »Zeit« berichtete 2007, Paul Hörbiger sei zwecks Unterhaltung der Wachmannschaft in Konzentrationslagern fröhlich aufgetreten. Pauls Familie, vor allem seine Tochter Monika, wehrte sich gegen diese Unterstellung. Der Autor des Artikels setzte daraufhin noch eins drauf. Man behaupte, schrieb er, Paul Hörbiger sei im Gefängnis gewesen als Unterstützer des Widerstandes, aber das sei alles sehr unklar und unsicher. Das macht mich heute noch wütend. So etwas wäre einige

Jahre früher undenkbar gewesen. Der Gründer der »Zeit«, Gerd Bucerius, war übrigens der Taufpate meines Sohnes Sascha.

Papa wurde nach Südtirol geholt, zum Volkssturm. Er musste in Madonna di Campiglio einen Hochgebirgsskilehrgang absolvieren. Ich kann mir nicht vorstellen, dass er diese Schulung wirklich gebraucht hat, er war ja als Offizier der Gebirgsartillerie schon im Ersten Weltkrieg in dieser Gegend gewesen, und er war versessen auf alle Arten von Sport.

Er hat die Berge geliebt, da hat ihm der unerwartete Skikurs wahrscheinlich sogar noch Spaß gemacht. Zum Schießen kam er nicht mehr: Einer unerwartet perfekten Cremetorte verdankte er eine schlimme Magenkrankheit und verbrachte deshalb die vorletzten Wochen des Krieges im Bett. In den allerletzten Wochen allerdings war er noch einmal wirklich an der Front, am Stilfser Joch.

Dann war der Krieg zu Ende.

Papa kam von seinem militärischen Einsatz zurück, Gott sei Dank, und bald siedelten wir alle fünf, inzwischen war Maresa in Seefeld zur Welt gekommen – eine gebürtige Tirolerin also –, von Sölden nach Innsbruck. Dort wohnten wir bei Weigands am Burggraben, sie waren mit unseren Eltern befreundet. Die Weigands besaßen eine eindrucksvolle Drogerie und hatten ein großes Herz – noch viele Jahre später kamen kleine Weihnachtsgeschenke in die Himmelstraße nach Grinzing und in die Frankengasse nach Zürich.

Mein Vater hat sich für ihre Gastfreundschaft und Großherzigkeit einige Jahre später bedankt. Willi Forst war der Regisseur des Films *Die Kaiserjäger*, das war eines jener typischen Nachkriegsprodukte des österreichischen Films, die daran erinnern sollten, dass Österreich nicht Deutschland ist, und die noch gar nicht so lange zurückliegende k.u.k. Vergangenheit in ein verklärendes Licht zu rücken hatten. Da saß der große alte Filmstar Rudolf Forster in einem Saal von Schloss Tratzberg, als Feldmarschall i. P., und rund um seine Burg waren Manöver der traditionsreichen Truppe der Kaiserjäger angesetzt. Attila Hörbiger spielte den Regimentskommandanten. Und wie die beiden Herren im Film einander wiedersehen, begrüßt Forster den Oberst mit dem Ruf »Weigand!«. Papa hatte sich für die Rolle den Namen der befreundeten Innsbrucker Familie geben lassen, eine ganz besondere Form von Dank.

Seltsam, dass ich so etwas berichte – »... Oberst, Feldmarschall i. P.« Das hat mich früher überhaupt nicht interessiert. Mit den Jahren aber wollte und will ich immer mehr über meine eigene Vergangenheit und damit auch über meine Gegenwart wissen. Alle diese historischen und kulturhistorischen Details waren mir als junge Schauspielerin eher gleichgültig. Langsam, wohl auch unter Rolfs Einfluss, wuchs das Interesse daran. Und für Erinnerungsdetails wie diese *Kaiserjäger*-Filmerwähnung im vorigen Absatz ist Gerhard zuständig. Heute freue ich mich bei der Fahrt durch das Unterinntal auf den Anblick von Schloss Tratzberg.

Übrigens hat Sascha auch schon dort gedreht, als Regisseur. Da wandelt also auch er, ohne es so genau zu wissen, auf den Spuren seiner eigenen Geschichte.

Elisabeth und ich besuchten nun die dritte Schule, diesmal in Innsbruck, aber wie ich dem Brief entnehme, den ich am 2. Juli 1946 nach der Zeugnisverteilung an meine Eltern nach Wien geschickt habe, schadete der mehrfache Schulwechsel unserem Wissensstand nicht. Bemerkenswert finde ich heute, dass ich in einer brieflichen Selbstanklage die Schule rüge, weil ich in

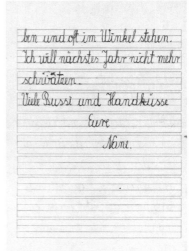

6 Mein Vater hat dieses »Nane« eingeführt, das unter meinem Frühwerk zu lesen ist. Später hat es sich in »Nanni« gewandelt.

»Betragen« keinen Zweier bekommen habe, wo ich doch so viel geschwätzt habe und so viele Strafen habe schreiben müssen.

Elisabeth schrieb damals schon längere Briefe von einer gewissen schriftstellerischen Qualität nach Hause, einer ist mir erhalten geblieben: »Wir haben jetzt andauerndes Regenwetter. Einmal in Strömen und einmal nur nieselnd.« Ferner teilt sie, um Fronleichnam 1946, mit, sie wiege nun 35 kg und sei 140 cm groß. Auch ihre Schrift ist deutlich, der Brief ohne Fehler. Ich, die kleinere Schwester, sende in diesen selben Tagen eine Darstellung von Innsbruck an die Eltern – Gerhard hat sie in einem Antiquariat gefunden, niemand weiß, wie sie dorthin gelangt ist. Acht Jahre war ich alt, als ich diese Buntstiftzeichnung zu Papier gebracht habe. Da sieht man Hafelekar und Hungerburg, den

Stadtturm und die Hofkirche, und oben links, in der Nordkette, ein bizarres Felsengebilde, die Frau Hitt, die das zeichnende Kind allerdings »Frau Hütt« genannt hat.

Unsere Eltern waren gleich nach dem Nachkriegsstart der Bühnen am Tiroler Landestheater in Innsbruck engagiert, die Mama als Christine, Papa als Fremder Herr in *Liebelei* von Arthur Schnitzler. Er spielte dort auch den Jedermann, wie schon viele Jahre zuvor in Salzburg.

Für diese Aufführungen waren die Umstände ein Glücksfall, denn wie sonst hätte so ein gutes, aber doch kleineres Theater sich eine solche Besetzung leisten können? Auf dem Theaterzettel lese ich noch die Namen Fred Liewehr, Walther Reyer, Veit Relin, alle waren sie entweder damals schon sehr bekannt oder wurden es in den folgenden Jahren.

Anfang 1946 gingen unsere Eltern wieder zurück nach Wien, daher die oben zitierten Briefstellen. Denn wir Kinder, bis auf die winzige Maresa, blieben noch in Innsbruck, der Schule wegen.

Die Liebe zu Tirol ist mir geblieben: Wenn es sich irgendwie ergibt, komme ich gerne zu den verschiedensten Gelegenheiten. Das können die Feste in der Wildschönau sein, ein Geburtstagsfest von Freunden, ein Konzert der Tiroler Kaiserjägermusik. Gerhard hat dort immer wieder zu tun, er lebt seine Tirolsympathien bei fast jeder Gelegenheit aus, und so oft es mir nur möglich ist, begleite ich ihn.

Vor nicht langer Zeit war es umgekehrt, ich hatte in Tirol zu tun, wochenlang, und Gerhard hat mich zwar nicht begleitet, aber besucht.

Alpenglühen sollte in der Schweiz und in Hamburg gedreht wer-

den, das Drehbuch war ausgezeichnet und die Aussicht, dass Götz George mein Partner sein würde, hat mir das Buch noch näher gebracht. Aber die Schweiz ...
Ich bin nach wie vor gerne in der Schweiz, wenn auch viele meiner österreichischen Freunde von Zürich nach Wien zurückgekehrt sind. Ich spreche immer noch mein Zürich-Deutsch, wenn es gebraucht wird, und da lag nun das Problem des Drehbuches. Ich sollte eine Schweizerin spielen und nicht zu starken Akzent sprechen, sonst würde man mich in Deutschland und Österreich nicht verstehen. Ich bin aber eine Wienerin, mit zwei Staatsbürgerschaften, der österreichischen und der schweizerischen, will glaubwürdig sein und bleiben, auch und gerade im Beruf, also habe ich die Produktionsfirma überzeugen können: Alpen ja, aber nicht irgendwo im Engadin oder in Graubünden, sondern in Tirol. Und nun galt es, einen sprachlichen Weg zu finden, der ebenso im Süden wie im Norden des deutschen Sprachraums möglich ist.
Wir fanden dann, mit Hilfe aus Tirol, eine Ausdrucksform, die zwar nicht authentisch, aber verständlich war, da wie dort. Sprachforscher werden wenig Freude mit diesem Kunstidiom gehabt haben.
In Igls und auf den Bergen nahe bei Innsbruck haben wir gedreht, Götz in Lederhosen, ich am Melkschemel. *Alpenglühen* hatte solch einen Erfolg, bei Publikum und Kritik, dass wir ziemlich bald *Alpenglühen zwei* folgen ließen, an denselben Drehorten. Und diese Zeit hat meine vielen guten Tirolerinnerungen um eine weitere vermehrt.

Fazit: Tirol ist der Widerspruchsgeist in mir, der Justamentstandpunkt, den ich manchmal einnehme.

Kindheit

Es gibt niemanden, der oder die nicht fast jeden Tag an die eigene Kindheit denkt. Da geht es mir nicht anders. Man muss sich deshalb nicht nach dieser Zeit sehnen, sie hat nicht nur gute Erinnerungen hinterlassen. Kinder haben Sorgen, enttäuschte Hoffnungen, zerstörte Illusionen, wie eben alle Menschen.
Wann war der letzte Tag der eigenen Kinderzeit? Ja, sicher, das kommt allmählich, aber irgendein Tag war dann doch der letzte mit der Puppe, der Spielzeugbahn, mit dem Abendgebet »Müde bin ich, geh zur Ruh'«.
Ein ganz bestimmter Teil meiner Kindheit verlässt mich nicht, in der Erinnerung sowieso, aber er kommt auch von außen immer wieder zu mir – die Monate als Rot-Kreuz-Kind in Beatenberg in der Schweiz. In der ersten Zeit nach dem Zweiten Weltkrieg hat der Kinderarzt festgestellt, dass ich zu schwach war, dass ich auf eine Kur geschickt werden müsse.
So kam es zu der ersten intensiven Begegnung mit jenem Land, das mir später eine zweite Heimat geworden ist. Ein geräumiger, heimeliger Bauernhof im Berner Oberland, von einem men-

schenfreundlichen Paar, Herrn und Frau Fleischmann, gegen Kriegsende erworben und zu einem Kinderparadies gestaltet, das ist Beatenberg. Man sieht je nach Jahreszeit über blühende Wiesen und Matten oder über eine schneebedeckte Bilderbuchschweiz auf Eiger, Mönch, Jungfrau, fühlt den Frieden dieser intakten Landschaft. Dieser Frieden und die saubere Höhenluft waren der Grund, warum so viele Kinder eben gerade hierher geschickt worden sind.

Doch dann kam etwas dazu, das nicht in solcher Perfektion zu erwarten war – die Geborgenheit. Voll Dankbarkeit denke ich noch heute daran, habe mir das glückliche Gefühl im Gedächtnis bewahren können.

Eine Alpenlandschaft hatte ich ja schon kennen gelernt, in Tirol.

7 Die Eltern sowie Elisabeth und ich in Tiroler Tracht ...

8 ... und im braven Kleid

Aber da war noch Krieg, ständig wurde von ihm gesprochen. Junge Burschen sind immer noch eingerückt, und eines Tages musste auch mein Vater wieder in Uniform antreten, mit beinahe fünfzig Jahren. So sind die Erinnerungen an Sölden anders als die an Beatenberg.

9 Beatenberg, ich bin die Erste von links.

Begonnen hat es nicht angenehm. Ich musste wegen meiner schwächlichen Verfassung nachmittags liegen, still, ohne Spielzeug. Ich sollte ja schlafen. Aber das habe ich nicht geschafft, schlafen am Nachmittag. Deshalb habe ich geschmuggelt – irgendwelche Materialien, mit denen ich dann heimlich spielen konnte, trotz dem Verbot. Das war ein Stück buntes Seidenpapier, das konnte sogar zweckentfremdetes Klopapier sein. Damit habe ich dann ein Püppchen geformt, mit Kopf und Hals und Körper, und noch ein zweites, und die beiden haben dann miteinander spielen und plaudern können, bis man mich wieder vom vermeintlichen Nachmittagsschlaf geholt hat. Nicht eines

10 In Beatenberg mit meiner Cousine Monika Hörbiger

dieser papierenen Geschöpfe besitze ich heute noch, aber aus dem großen Koffer ist auch eine kleine Figur gestiegen, gezeichnet, zart mit Buntstift verschönt, behutsam ausgeschnitten, ein flaches, zweidimensionales Püppchen aus meiner Kindheit. Es muss von meiner Hand stammen, denn ich erkenne es auch an den versteckten Händen, die konnte ich nicht.

Eines Tages wurde mir gesagt, ich werde für einige Zeit woanders wohnen, mit vielen Kindern, in einer schönen Gegend, es werde sehr lustig sein ... Ja, aber meine Mama, der Papa, die Schwestern?? Diese Mitteilung war kein Grund zur Vorfreude.

Die Reise ist mir kaum mehr in Erinnerung. Umso mehr der Augenblick, da man mir das Haar geschnitten hat. Noch heute sehe ich das kleine Mädchen vor mir, das seine flachen Hände auf den Kopf legt und leise sagt: »Bitte nicht meine Haare!« Auf den Fotos sieht die neue kurze Frisur nicht schlecht aus. Das wird mir damals eher gleichgültig gewesen sein, ich hätte lieber mein langes Haar gehabt.

Ab da war aber alles in Ordnung. Man fühlte sich, habe ich schon gesagt, in Geborgenheit, aufgehoben, und dass ich so voller guter Gedanken an diese Zeit bin, zeigt ja auch, dass es eine gute Zeit gewesen sein muss.

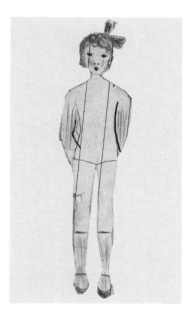

11 Mein papierenes Püppchen

Von meiner Kindheit habe ich im vorigen Kapitel viel erzählt. Da ist natürlich auch heute noch vieles lebendig an Erinnerung. Manche Erinnerung an die Kindheit ist tatsächlich, wörtlich sehr lebendig – meine frühe Schulfreundin Hemma Winkler, verehelichte Bischof, erfolgreiche Ärztin und Familienmutter. Oder Karin Kielhausen, auch sie hat in der Himmelstraße gewohnt. Sie ist nach Athen übersiedelt, aber wenn wir uns nach vielen Jahren doch immer wieder sehen, können wir gleich so miteinander sprechen, als wären wir immer noch Nachbarskinder.
Manche Kindheitserinnerung verdanke ich der Arbeit an diesem

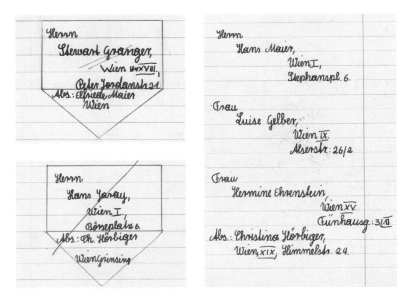

12/13 Davon erzähle ich gleich – auf Seite 33

Buch. Meine Schulhefte habe ich lange nicht mehr in der Hand gehabt, bis vor wenigen Tagen. Ich blättere, muss lächeln, wundere mich über manches.

Dabei komme ich zu einer Hausaufgabe mit dem Datum »20. Febr. 1951«. Da haben wir gelernt, wie man einen Brief schreibt. Zuhause sollten wir Kuverts in das Heft zeichnen: Vorderseite, Rückseite, mit Adresse und Absender versehen. An wen alles ich da gedacht habe! Ein Brief geht an die Adresse Franz Schuh, Bad Gastein, als Absender nenne ich Frau Schuh, Elisabeth, im Hotel Astoria in Wien. Gut, das war jener Konditor, an dessen Betrieb meine Eltern beteiligt waren und dessen Mitarbeiterin ich damals werden sollte.

Ein anderer Brief hätte Hermine Ehrenstein in Wien XV erreicht, wäre er tatsächlich geschrieben und abgeschickt worden. Frau Ehrenstein hat für meine Eltern als Sekretärin gearbeitet, da ist die Wahl dieser Adresse ebenso wenig verwunderlich wie der fiktive Brief an meine Schulfreundin Elisabeth Knöcklein in Wien XIX oder jener an den Wiener Autor, Schauspieler und Regisseur Hans Jaray, Freund meiner Eltern.

Aaaber ... wie komme ich mit zwölf Jahren auf den Gedanken, einen Brief mit der erfundenen Absenderin Elfriede Maier an einen Herrn zu schreiben, der viele Jahre später tatsächlich mit mir gearbeitet hat: »Herrn Stewart Granger, Wien XVIII, Peter Jordanstraße 21«? Und was hat mich auf den Gedanken gebracht, der Hollywoodstar könnte in einem Wiener Villenviertel zuhause sein? Der Mann muss mir damals jedenfalls sehr imponiert haben, sonst hätte ich einen anderen erfundenen Briefempfänger gewählt, meinen Onkel Paul, Gunther Philipp, Errol Flynn, was weiß ich. Und wenn ich mich da schon in der Welt des Kinos verloren habe, weshalb habe ich nicht gleich an Rhett Butler geschrieben, an Clark Gable also? Hatte ich damals noch keine Ahnung von *Vom Winde verweht*? Kann ich mir nicht vorstellen, der Film begleitet mich schon ein Leben lang. Welcher Film, von Fernsehen war ja noch nicht die Rede, hat mir Stewart Granger so wertvoll gemacht? Da wird er ja wohl auch einer der Besucher gewesen sein, die ich in den Holzsäulen unseres Hofs in Grinzing zu erkennen glaubte, zu sehen gewohnt war.

Wann erlebt man den letzten Tag der Kindheit? Wann wacht man auf und ist erwachsen? Das hebe ich mir für mein »Fazit« auf. Jetzt bleibe ich noch bei meinem Fotoberg: Viele, viele Kinderfotos – meine Schwestern und ich, mit der Cousine Doris, die unser Leben begleitet, bei uns gewohnt hat, für uns Kinder oft und oft gesorgt hat, »die Goschi«.

14 Fronleichnam in Grinzing: Mit Elisabeth und Maresa

15 Sascha als Darsteller, ein seltener Fall! Jetzt schreibt er die Rollen für andere.

Und natürlich viele Fotos mit dem ganz kleinen Sascha, dem Schulkind Sascha, in Zürich, in Salzburg, in der Himmelstraße. Manche dieser Kinderfotos sehe ich jetzt zum ersten Mal, sie waren im Nachlass meiner Eltern. Sascha in der Volksschule als Lehrer im weißen Arbeitsmantel! Sascha und sein Cousin Cornelius in der Himmelstraße, und natürlich immer wieder Luca, oft in ähnlichen Szenen wie einst sein Vater, vergnügt, versonnen, beim Spielen.

16 Sascha – wie viele Jahre später sein Sohn Luca, siehe Farbteil Foto Nr. 6

Kindheit: ein einzelnes Wort – und eine solche Fülle von Assoziationen, von Erinnerungen.

Fazit: Bei Kindheit hilft mir Max Reinhardt. Alle Theaterleute kennen diesen Satz, ein Schauspieler »hat seine Kindheit heimlich in die Tasche gesteckt und sich damit auf und davon gemacht, um bis an sein Lebensende weiterzuspielen«.

Lachen

»Wer sich mit Christiane Hörbiger unterhält, hat viel zu lachen.« Das schrieb Barbara Möller im »Hamburger Abendblatt«.
»Die Hörbiger hat leider gar keinen Humor.« Das sagte seinerzeit – also, den Namen lasse ich weg – der X in der TV-Sendung *Extrazimmer*. Dabei hatte ich eigentlich beinahe eine Dreiviertelstunde doch den einen oder anderen Beweis für eine gewisse Blödelkompetenz gegeben, mich über mich selbst lustig gemacht, und nun meinte der, ich hätte keinen Humor. Hm.
Jemandem Humor abzusprechen, das finde ich heikel. Ein humorloser Mensch ist in vielen Lebenslagen verloren, auch für andere. Ich habe keine humorlosen Freunde, selbst in der Arbeit hatte ich meistens das Glück, auf mit Humor Gesegnete zu treffen.
Ich habe sogar einige Lachweltmeister, männlich und weiblich, im Freundeskreis, in der Familie. Selbst konnte ich auch einiges zu Lacherfolgen beitragen, durch richtig gesetzte Pointen, durch manche Darstellung. Da war zum Beispiel *Ollapotrida*, eine

17 Horst Tappert und ich – privat, ohne Filmkamera

Komödie von Alexander Lernet-Holenia: Der Wiener Regisseur Wolfgang Glück, mit dem ich in erster Ehe verheiratet war, man wird ihn auf diesen Seiten noch öfter treffen, hat sie inszeniert. Ich spielte eine Wienerin, die etwas zu langsam ist, in allem. Ein Junggeselle, das war damals Peter Vogel, hat gleich mehrere Geliebte, so etwas will organisiert sein. Da hatte er oft schnell zu reagieren, das ergab eine Unzahl herrlich komischer Situationen. Ich war die Bremse in dem gut organisierten Betrieb, in dieser Tür-auf-Tür zu-Hektik.

ZWISCHENRUF: »*Kurze Unterbrechung! Habe ich gesehen, bei der Erstausstrahlung! Schwarzweißfernseher, kleiner Bildschirm, mein Großvater und ich vor dem Apparat, sehr nahe – das Haus hat schon geschlafen. Wir haben gelacht ohne Ende! Regie, Besetzung, das Stück selbst, alles genial! Das musste schnell gesagt werden, auch aus Dankbarkeit!*«

Jahre später: *Schtonk!* von Helmut Dietl, da habe ich eine ähnliche Figur gespielt wie in *Ollapotrida*. Die Szene mit Götz George, in der sein Schlafrock, mein Mieder, sein Korsett, so wichtig waren – das ist uns gut gelungen. Und die Apathie meiner Wienerin, da war sie wieder, alles zu langsam. Immer wieder wird gerade diese eine Szene gezeigt, und immer wieder hat sie ein gewaltiges Gelächter zur Folge.

Mit dem Regisseur Xaver Schwarzenberger habe ich manche Stunde durchgelacht, wie in den Drehpausen bei *Tafelspitz*.

18 Mit Peter Vogel in »Ollapotrida« von
Alexander Lernet-Holenia, 1966

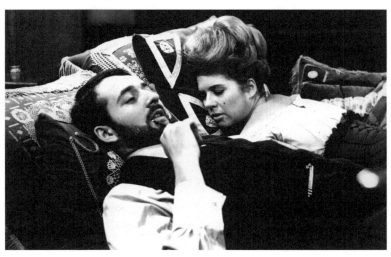

19 Mit Götz George in einer Drehpause von »Alpenglühen« in der Nähe von Hamburg

Nun ist ja angeblich die Fähigkeit zu lachen noch kein Beweis für den Besitz von Humor. Ich bin keine Psychologin, bin mit diesen Definitionen nicht vertraut, ich bin aber überzeugt, dass ein Mensch, der richtig zu lachen weiß, im Besitz von Humor ist. Und wirklich wichtig scheint mir die Fähigkeit, über sich selbst lachen zu können. Wer das nicht kann, hat ziemlich sicher tatsächlich keinen Humor.

Dafür kann jemand, der sich selbst zu ernst nimmt, sehr komisch sein, so haben wenigstens die anderen Menschen etwas von dieser Eitelkeit.

Aktiv werden, um Lachen zu erzeugen, das ist selten geworden. Damit meine ich nicht, dass jemand einen Witz erzählt, einen kleinen lustigen Vortrag hält, sondern richtig breit angelegte Aktionen. Sascha, Gerhard und ich haben einmal einen Freund meines Sohnes abgeholt vom Salzburger Flughafen. Er kam aus Zürich und sollte einen Sommer lang beim »Fest in Hellbrunn« arbeiten. Freund Frank kam an, sah sich um, konnte niemanden entdecken, den er kannte. Dafür fand er sich plötzlich von einem großen grünen Frosch, einer Dirndlträgerin mit riesigem Kuhkopf und einem Phantasievogel umringt, die ihm das Gepäck abnahmen und ihn zum Ausgang führten. Wir hatten uns für Franks Empfang im Kostümfundus von Hellbrunn eingedeckt …
Sascha und ich kehrten am Ende dieses Sommers heim nach Zürich, Gerhard hatte noch in Salzburg zu tun. Dann flog auch er heim, urlaubsreif. Auf dem Flughafen von Salzburg traf er einen Bekannten, einen erfolgreichen Architekten, der ebenfalls in die Schweiz unterwegs war. Die Herren saßen nebeneinander, unterhielten sich über den zu Ende gegangenen Festspielsommer, nahmen sicher etwas Wein zu sich … In Zürich traten sie gemeinsam durch die automatische Doppeltüre, sahen sich der wartenden Menge gegenüber – und einem großen Transparent, auf dem zu lesen stand: »Stoppt den Pornowahnsinn von Hellbrunn!« Gerhard explodierte vor Lachen, der Architekt brauchte eine Schrecksekunde, bis er die vermeintliche Demonstration gegen seinen Reisegefährten als Spaß erkannt hatte. Sascha hatte ein Transparent gebastelt, wir beide hielten es hoch, und ich gebe zu, ich habe mich ein kleines bisschen geniert. Gerhard war richtig stolz auf uns.

1984 inszenierte Hans Hollmann in Zürich ein Stück von Fritz von Herzmanovsky-Orlando, *Baby Wallenstein*, und ich übernahm die Rolle der Witwe Zwöschbenflöckh.
Dame mit viiiel Geld, in den sogenannten besten Jahren. Und sie ist hinter einem jungen Mann her, der selbstmordbereit in einem Park unter einem Baum sitzt. Hollmanns Regie und Herzmanovskys Theaterstück führten zu endlosen Lachsalven, und wenn diese Inszenierung, die dank der Aufzeichnung durch den ORF nicht nur in Zürich zu erleben war, hin und wieder zu

20 Mit Johannes Silberschneider in »Baby Wallenstein« von Fritz von Herzmanowsky-Orlando, Schauspielhaus Zürich, 1983

sehen ist, kann man auch meinen Sohn Sascha lachen hören. Er saß damals, bei der TV-Aufzeichnung, im Publikum.
Ich bin mein eigener Zwischenrufer, stelle ich gerade fest. Aber Gerhard verweigert zur Zeit die Kommentare. Er sitzt über seinem nächsten Buch, im Nebenzimmer, und ist an manchen Tagen, ja hin und wieder über drei, vier Tage, verschollen. Freilich weiß ich, wo er ist, doch der gewohnte Dialog durch die auch manches Mal geschlossene Türe zu seinem Arbeitszimmer fällt aus, kein »Gerhard! Wann hat Karajan die Direktion in Wien aufgegeben?« und dergleichen mehr, das fällt an diesen Tagen aus.
Gerhard Tötschinger sammelt, alles Mögliche, eben auch Geschichten, Pointen, Erlebtes, und das ist in diesen Wochen, da die Schauspielerin zur Autorin mutiert, mein Glück. Denn er hat Zeitungsartikel, Interviews, Fotos, Briefe, Ansichtskarten und überhaupt alles, das von meinem Lebensweg berichtet, aufgehoben. Davon habe ich ja schon ganz zu Beginn meines Buchversuches erzählt, und ohne alle diese Erinnerungen könnte ich mich nicht als Autobiografin versuchen.
Es gibt auch Sammler, die sich mit meinem Leben befassen, und ich kenne sie überhaupt nicht. Gerhard steht in Kontakt zu einem jüngeren Herrn, der, vielleicht will er einmal selbst ein Buch daraus machen, Lustiges sammelt. Manchmal kommt ein Brief mit einer Frage – »War das wirklich so? Ich habe das von X oder Y erzählt bekommen, stimmt der Hintergrund, kann die Bemerkung von Frau Hörbiger richtig zitiert sein?« Gerhard antwortet, weil ihm der Briefschreiber imponiert. Aber der lässt nicht weitere Einsicht nehmen in seine Lachsammlung. Das ist schade, hier könnte ich sie gut gebrauchen.

Hin und wieder kommt das Lachen als Brief zu mir. Da waren wir auf einer Lesereise, in Frankfurt verließen wir den Zug aus Münster und fuhren etwas später mit einem anderen zum Flughafen. Die Wartezeit verbrachten wir im Bahnhofsrestaurant, Gerhard bewachte den überladenen Gepäckwagen.
Dann musste es plötzlich schnell gehen, wir waren etwas zu lange sitzen geblieben. Also die Rechnung, die Mäntel, das Gepäck und holterdipolter zum Bahnsteig.
»Am Nebentisch, der Herr, hast du den gesehen?«, fragte Gerhard.
Er war mir nicht aufgefallen, schon gar nicht in Erinnerung.
»Aber mir! Ich kenne ihn nicht, aber er hat mich mit einem hasserfüllten Blick verfolgt. Merkwürdig.«
Damit war das Thema fürs Erste beendet.
Kurze Zeit später schrieb mir ein Herr aus Deutschland, er beabsichtige, mich zu heiraten. Er habe mich vor einigen Tagen im Frankfurter Bahnhofsrestaurant beobachtet, ich sei da mit einem Lümmel unterwegs gewesen, vor dem er warnen müsse. Denn der habe mir nicht aus dem Mantel geholfen, sich nur um sein Gepäck gekümmert, und auch beim Verlassen des Restaurants sei es ähnlich gewesen, er habe die Rechnung vor meinen Augen und nicht alleine mit dem Kellner beglichen und mir auch nicht in den Mantel geholfen. Er aber, der Briefschreiber, sei aus guter Familie, habe andere Manieren, er könne auch nähen und kochen. Er erwarte meine Antwort.

Zuhause in Grinzing oder in den Ferien, innerhalb der Familie jedenfalls, wurde sehr viel gelacht. Unser Vater war oft streng, aber er war auch bereit zu spielen, er konnte auf vielerlei Art lustig sein. Er hatte Freude an jener Art von trockenem Witz, den früher viele, zumal ältere Herren, besaßen.

Heiliger Abend: Papa bekommt von irgendjemandem ein kleines Packerl, immer wieder hört man die rhetorische Frage: »Was ist da drin? Ein Klavier?«
Wenn am lang ersehnten Weihnachtsabend endlich das Christkind da war, öffnete er die Tür zum Weihnachtszimmer, ließ uns alle einen kurzen Blick auf die kerzenbeschienene Pracht werfen, sprach kurz: »So, das war's«, und machte die Türe wieder zu. Wir bettelten: »Nein, bitte, Papa!«, und fielen Jahr für Jahr auf ihn herein ... eine Zeit lang zumindest.
Als ich mich, sicher einer Rolle wegen, entschlossen hatte, meine Haarfarbe zu ändern und dann dabei blieb, berichtete Papa immer wieder mit bedeutungsvollem Unterton: »Und dann hat Gott mir im hohen Alter noch eine blonde Tochter geschenkt!«
Mama lachte oft und sehr gern, ansteckend und mit vollem, ja melodischem Klang. Als sie einmal mit Gerhard nach Pressburg fuhr, ging sie mit ihm über jenen Platz, an dem die Idee geboren wurde, eine Konditorei zu erwerben, als Sicherheit für das Alter. Der Vater hatte dort einen Prager getroffen, der ihm von seiner Zuckerbäckerei erzählte, die er in Bad Gastein führte. Die Herren vereinbarten, Partner zu werden. Schließlich waren sie doch in Prag schon beinahe Freunde geworden, und da sie nun der Zufall hier in Pressburg zusammengeführt hatte, sollte man doch diesem Wink des Schicksals folgen! Gesagt, getan, man muss ja an das Alter denken! Und so ein Geschäft in einem florierenden Kurort, das ist doch etwas Sicheres! Und die »Nane« kann das einmal führen, wenn sie die Handelsschule absolviert hat.
Beim Konkurs dieser »Altersversorgung« meinte mein Vater, er habe jedes verkaufte Stück Torte mit tausend Schilling subventioniert. Das Theater hatte sich als sicherer erwiesen als die Kon-

ditorei. Und viele Jahre später, als Mama an der historischen Stelle stand, wo die Herren Hörbiger und Schuh den Pakt geschlossen hatten, konnte sie, selbstironisch, nur mehr lachen...

Wir konnten auch über sie herzlich lachen, nicht nur mit ihr. Paula Wessely war, das wird kaum jemand wissen, eine sehr begabte Parodistin. Sie hatte einige Kolleginnen im Repertoire, da blieb dann keine Auge trocken. Aber niemals hätte sie das Talent benutzt und sich über jemanden öffentlich lustig gemacht. Diese Vorstellungen blieben dem familiären Publikum vorbehalten. Sie hat andere, uns ganz fremde Menschen, so treffsicher beschrieben, hat ihre manchmal seltsamen Gewohnheiten so glänzend geschildert, dass wir sie bei unerwarteten Begegnungen wiedererkannten.

Im Beruf bin ich, was in der Fachsprache eine Lachwurzen heißt. Ein Missgeschick auf der Bühne, während der Vorstellung, oder ein gezielter Versuch, mich zum Lachen zu bringen – aus war's. *Faust II*, Wien, Burgtheater 1967. Gretchen – ich, der Faust – Thomas Holtzmann. Beide Teile *Faust* in der Regie von Leopold Lindtberg, mit dem ich damals gerade an das Zürcher Schauspielhaus wechselte. Der große Schluss des Jahrtausendwerks von Goethe, in einer mystischen Landschaft, »eine Büßerin, sonst genannt Gretchen« nähert sich, geläutert, der Mater Gloriosa. Die letzten Worte meiner Rolle: »Neige, neige, /du Ohnegleiche, ... /der früh Geliebte, /nicht mehr Getrübte, /er kommt zurück.«
Ich knie, den Rücken dem Publikum zugewandt. Das ist mein Glück. Sagen muss ich auch nichts mehr. Aber Holtzmann/Faust ist noch dran, ganz knapp vor dem Schluss. Er hat eine

winzige Unkonzentriertheit, hat vielleicht einen Hänger am Ende der endlos großen Rolle, jedenfalls hört sich die Stelle heute anders an. Zu sagen wäre: »Wie entgleitet schnell der Fuß/schiefem, glattem Boden?/ Wen betört nicht Blick und Gruß/ Schmeichelhafter Odem?«

In dieser Vorstellung endet der *Faust* anders. Nach vierzig Jahren weiß ich das natürlich nicht so ganz genau, es war ungefähr so: »Wie entgleitet schnell/ man dem Boden/ wen betört nicht Lust und Fuß/ und Kuss ...«

Und aus war es. Das geläuterte Gretchen begann offenbar bitterlich zu schluchzen, seine Schultern zitterten vor Erschütterung. Auch Faust kniete jetzt ebenso mit dem Rücken zum Publikum, das Haupt zu Boden gesenkt, die Hände vor dem Antlitz, offensichtlich zutiefst bewegt. Soweit ich mich erinnere, war auch mein Faust eine ziemliche Lachwurzen.

Da half auch nicht mehr der Rat, den Helene Thimig für solche Fälle bereit hatte, sie selbst war ja auch eine begnadete Lacherin. Man müsse das Wort »Brot« denken, es innerlich so intensiv denken, als spräche man es in diesem Augenblick der Gefahr: »Brooot!«

Vielleicht hilft das sonst, dem knienden Gretchen hat es an diesem Tag nicht genützt.

Seit Jahren schon gehe ich nicht mehr auf die Bühne. Nach Jahrzehnten, nach tausenden Theaterabenden, kann ich mir endlich meinen Kindertraum erfüllen: leben, lieben, lachen vor der Kamera.

Bei den Salzburger Festspielen zeigten wir 1971 in eindrucksvoller Besetzung Shakespeares *Was ihr wollt*: mit Klaus Maria Brandauer, Josef Meinrad, Helmut Lohner, Hans Dieter Zeidler,

21 »Wie kommt das schöne Kästchen hier herein ...«: Als Gretchen in Goethes »Faust«, Burgtheater Wien, 1967

Christine Ostermayer, Sabine Sinjen und Heinz Marecek. Otto Schenk war der Regisseur.
Am Premierenabend hat er mir mit einer ungewöhnlichen Hilfe einen Auftritt erleichtert. Da gibt es die Rolle der Maria, im Theaterjargon genannt »Lach-Marie«. Das war ich. Nun lache ich also gerne, wie mehrfach gesagt, und das natürlich auch auf der Bühne, wenn es die Rolle erfordert. Zu weinen ist übrigens einfacher als zu lachen. Wie schnell bleibt einem vor Aufregung das Lachen im Hals stecken!
Ich stehe an meinem Auftritt in der Kulisse, gleich habe ich mit einem Brief in der Hand in einem langen Bogen quer über die Bühne auf die andere Seite zu gehen – er ist durchzulachen. Die Marie ist total fertig vor lauter Lachen über den Brief. Das Stich-

wort nähert sich. Noch zwanzig Sekunden, fünfzehn Sekunden – auf der anderen Bühnenseite erscheint der Regisseur. Otti dreht sich um, wendet mir den Rücken zu, lässt seine Hose herunter, zeigt meiner Marie den – also der Ausdruck Hintern mag spießig sein, egal. Die Marie war ja schon sehr lachbereit, jetzt war es auch noch die Hörbiger. Ich lache mich quer über die Szene, und ich lache noch heute, während ich daran denke. Dieser nackerte Allerwerteste war nicht nur Regie, das war auch eine Geste zwischen Freunden, à popo, pardon, à propos.

Fazit: Lachen und noch mehr die Fähigkeit, Lacher erzeugen zu können, eine ernste Angelegenheit.

Freunde

Ohne Freunde geht gar nichts. Freundschaften wollen gepflegt werden, nicht vernachlässigt. Um Freunde hat man sich zu bemühen. Und diese Mühe war mir neben Familie und nervenstrapazierendem Beruf manchmal zu viel. Freilich, hin und wieder hat man es auch mit Freunden nicht ganz leicht, aber wer hat es denn mit sich selbst immer leicht? Manchmal also, wenn ich es mit mir ein bisserl schwer habe, werden mir auch manche nahe Menschen zur Last, ich mache alles zu, Seele, Gehirn, Mund, Ohren. Ich schütze mich, es schützt mich, für Stunden, für halbe oder ganze Tage. Ich war sehr froh, als mir Freunde zur Seite gestanden haben, ab dem Tag, an dem ich mit Sascha alleine dastand. Noch in der Nacht des 7. September 1978, als Rolf in Wien starb, haben mir meine Schwester Elisabeth, der Schwager Dieter Witting geholfen, praktisch, aber auch seelisch. In Zürich dann Ingrid Weck, Mausi genannt, und ihr Mann Peter, sie beide an erster Stelle, und Rolfs erste Frau Yvonne – sie waren wichtigste Hilfen in den schlimmsten Stunden. Ebenso der Schriftsteller Will Tremper und der Filmproduzent Arthur Cohn.

22/23 »Mausi« Weck – Peter Weck

Viele meiner Freunde haben bekannte Namen. Aber auch unter den nicht Prominenten habe ich echte Freunde! Und meine Mama hatte eine wirkliche Freundin, Mimma Pimmer, Blumenhändlerin an der äußeren Mariahilferstraße in Wien, im Wessely-Heimatbezirk Fünfhaus. »Schöne Blumen immer – nur von Firma Pimmer« oder so ähnlich lautete der Werbespruch. Ein Leben lang schickte sie ihrer Schulfreundin zu jedem erdenklichen Anlass schöne Blumensträuße oder brachte sie selbst vorbei.

In einem meiner alten Schulhefte fand ich neulich die Hausübung vom 22. Februar 1951, einen Brief: »Sehr geehrte Frau Pimmer! Da die Osterferien heranrücken, wende ich mich mit einer Bitte an Sie. Meine Eltern und ich würden uns sehr freuen, Grita bei uns zu sehen. Ich bitte Sie sehr, das zu erlauben … etc.« Da setzte sich die Freundschaft in die nächste Generation fort.

Kostbar war mir meine Freundschaft mit Lilli Palmer. Was für eine gescheite, wunderbare Frau war das! Aber auch mit seinen Freunden muss man nicht immer und überall einer Meinung sein. Lilli hat mir einmal erklärt, da musste sie ihr siebzigstes Lebensjahr schon eine Weile überschritten haben: »Christianchen, ab siebzig wird's uninteressant.«
Ich bin richtig erschrocken über diesen Satz und habe mir innerlich gesagt: NEIN!!
Ich hatte nicht den Mut, ihr zu sagen: »Du, Lilli, bist nicht gläubig, ich bin es, und ich bin ganz und gar nicht deiner Meinung.« Ab siebzig nur noch auf den Tod zu warten, nicht alles an Möglichkeiten zur Freude zu nutzen, die Kinder, die Enkel, nicht immer Ja sagen müssen, nicht auf den Tod zu warten, schon gar nicht diesen Tod ersehnen oder selbst organisieren! Ja, wenn man schwer krank ist, furchtbare Schmerzen hat… Kurz, da waren wir einmal nicht einer Meinung, sonst sehr oft. Lilli wird mir immer eine wunderbare Erinnerung bleiben.

Will Tremper habe ich schon erwähnt, er kommt auf diesen Seiten immer wieder vor. Mit Will und seiner Frau Celia verbindet mich so vieles! Er war ein so lebenskluger Mensch, hilfsbereit, originell, und er hat andere, die sich für gänzlich von seinem verschiedene Lebenswege entschieden hatten, respektiert. Manches hat ihn nicht interessiert, aber das hat er nicht sofort zum Besten gegeben. Mit Celia bin ich auch heute, lange Jahre nach Wills Tod, befreundet.
Im Gespräch, in Gedanken, begleiten einen die Freunde, auch wenn sie nicht mehr selbst hier sind. Wenn es am Kaffeehaustisch zu einer Diskussion kommt, wer die Rechnung übernimmt und ich das Gefühl habe, das sollte diesmal ich sein, dann sage

ich: »Ich bin jung, schön und unermesslich reich.« Dann wird gelacht und die Diskussion hat ein Ende. Den Satz verdanke ich meiner lieben Heidemarie Hatheyer, die nicht nur als »Geierwally« berühmt geworden ist, und dann kann ich kurz von ihr erzählen.

24 Arthur Schnitzler, »Anatol – Abschiedssouper«, 1960, mit Peter Weck, Claus Logau und Otto Schenk

Peter Weck ist ein Freund, der mich durch den Großteil meines Lebens begleitet hat, dessen Ehefrau meine beste Freundin geworden ist. Ich verdanke ihm und seiner Frau eine Fülle von guten Erinnerungen, und ich verdanke Peter viele gute Ratschläge. Allein seine Liebe zu einer korrekten, weitgehend dialektfreien Sprache hat mich immer wieder motiviert.

Er war immer wieder mein Regisseur, ein ausgezeichneter. Er kann sehr, sagen wir, populäre Produkte betreuen und hat mit sehr wenig populären ebenso großen Erfolg. 1979 drehte Peter seinen anspruchsvollen und sehr gelungenen Fernsehfilm *Kolportage* nach dem Theaterstück von Georg Kaiser, mit schwierigen, nicht leicht zu inszenierenden Dialogen. Ich spielte die weibliche Hauptrolle. Wir drehten in Frankreich, in der Nähe von Nancy. Peter hatte sich intensiv vorbereitet, und er gab nicht nach, bis er erreichte, was er wollte. Er hatte das Stück, die Szenen, alles schon im Kopf. Wer an dieser Stelle denkt: Nanu, ist das nicht selbstverständlich? Das muss doch so sein?, kennt das Theater nicht und den Film ebenso wenig wie Fernsehen, halt nicht von innen. Gar nicht wenige Regisseure kommen auf die Probe, zum Drehtag und sind, vorsichtig gesagt, nicht ganz so informiert über ihr Tun, wie es für die Story und das Ensemble gut wäre.

25 Peter Weck als mein Regisseur – wie so oft

Zurück zu Peter Weck: Selbst in einer Zeit, als er einmal nach einer Knieoperation vor Schmerzen kaum gehen konnte, bewies er Treue: In München hielt er mir die Lobrede zu meinem Karl-Valentin-Orden, nahm die Reise auf sich, ging in bravouröser Haltung quer durch einen Saal zum Rednerpult und ließ nicht erkennen, wie schwer ihm das an diesem Abend fiel.

Peters Leistungen als Schauspieler reichen vom harmlosen Sommerfilm am Wörthersee bis zum *Kardinal* in der Regie von Otto Preminger, von dem großen TV-Serienerfolg *Ich heirate eine Familie* bis zum Anatol von Arthur Schnitzler, vom Schneider Zwirn in *Lumpazivagabundus* an der Seite meines Vaters bis zum Chlestakow im *Revisor* von Gogol im Akademietheater in Wien. Während dieser ungemein erfolgreichen Aufführungsserie hat Peter seine spätere Frau kennen gelernt, Kunststück, damals war halb Wien in ihn verliebt.

Roman Schliesser, legendärer »Adabei« der »Kronenzeitung«, auch er ein treuer Freund, Grinzinger wie ich, hat meiner Freundschaft mit der Familie Weck seinerzeit eine ganze Kolumne gewidmet.

Hier folgt nun ein längeres Zitat, trotz der Warnungen durch Gerhard, man dürfe nur bis zu fünf Zeilen von woanders abschreiben, sonst drohe eine hohe Geldforderung und der Verlag sei böse. Wird schon nicht so arg werden.

Anfang August 1969 also berichtete Roman:

> Gerade erst zwölf Tage jung flog der Sohn prominenter Eltern gestern als jüngster Swissair-Passagier von Zürich nach Wien, während etwa zur gleichen Stunde die gerade vier Tage alte Tochter von nicht minder prominenten Eltern ungerührt die ersten Starfotos von sich aufnehmen ließ. »Die Stewar-

dessen haben sich sofort in ihn verliebt«, rühmt Mama Christiane »Nanni« Hörbiger, verehelichte Bigler, die mit ihrem Sohn Oliver Sascha gestern im Grinzinger Haus ihrer Eltern Paula Wessely und Attila Hörbiger Quartier bezog, »bei der Landung hat er mit keiner Wimper gezuckt. No, der wird ein richtiger Bua, keine zwölf Tage alt und schon fliegt er herum.« Die Taufe von Oliver Sascha wird Mitte August in Wien in Szene gehen, Taufpate wird der deutsche Zeitungsverleger und Politiker Dr. Gerd Bucerius sein. Voraussichtlich Barbara wird die kleine Tochter von Burgschauspieler Peter Weck und seiner Gattin Ingrid heißen. »Sie ist ein richtiger Frißling«, rühmte die stolze Mama im Rudolfinerhaus, »dafür schreit sie kaum. Gleich beim ersten Schrei habe ich ›Ruhe!‹ kommandiert. Man kann nicht früh genug mit der Erziehung anfangen.« Am Nachbarbett hängt ein winziges Dirndl, »Geschenk von Kurt Meisel und Uschi Lingen«, berichtet Mausi Weck, die täglich mit dem frischgebackenen Vater, der momentan für Salzburg den *Schwierigen* probt, telefoniert. »Nanni« und »Mausi«, die beiden prominenten Mütter, die seit Jahren befreundet sind, gratulierten einander mit Telegrammen.

Einige Monate später, wieder in Zürich. Peter und Mausi sind bei uns zu Gast, Rolf hat Geburtstag, wir feiern. Damals haben wir noch sehr darauf geachtet, dass kein Gast ohne Meldung im Gästebuch aus dem Haus kommt. Da unterschreibt auch Peter, Datum 10./11.1.1969, und formuliert Zukunftspläne: »Ich glaube, Barbara wird gerne in dieses Haus einheiraten.«
Dazu ist es zwar nicht gekommen, die Freundschaft aber hat gehalten.

Zu Peters sechzigstem Geburtstag schrieb ich für die Wochenendbeilage einer Wiener Tageszeitung einen Gratulationsbeitrag und nannte Peter »eine wesentliche Instanz in punkto Beruf und Geschmack«. Ich kenne ihn seit nunmehr sechsundvierzig Jahren, und er ist für mich diese Instanz geblieben.

Es gibt auch temporäre Freundschaften, die aus Erinnerung und sporadischem Wiedersehen bestehen, die sind in meinem Beruf natürlich keine Seltenheit. Schauspieler sind an Theater, an Drehorte gebunden, und wenn dann auch noch die Wohnorte weit voneinander entfernt liegen, wird die Freundschaftspflege vollends zum Problem. Aber wenn man sich dann wieder trifft, ist das Gesprächsthema kein Thema, es ist, als hätte man sich gestern zuletzt gesehen.
So geht es mir zum Beispiel mit Claus und Heike Jacobi, Freunde noch aus Rolfs Zeiten. Wir sehen einander nur manchmal in Hamburg, noch seltener in Wien, aber eben doch immer wieder. Claus hat mir aus Anlass der *Christiane Hörbiger-Gala* in Hamburg, die mir 2005 Markus Trebitsch persönlich bereitet hat, eine berührende Rede zum Thema Freundschaft gehalten, hat dabei unter anderem an Rolf Bigler erinnert. Die beiden waren enge Freunde, sie schätzten einander auch beruflich. Als Rolf seinen ersten Herzinfarkt hatte und sein Magazin, das »Sonntagsjournal«, eine Zeit lang nicht redigieren konnte, übernahm Claus kurzfristig seine Agenden, wohnte bei uns in Zürich. Er war Herausgeber der »Welt am Sonntag«, wurde als Chefredakteur des »Spiegel« legendär.
In seine Jahre bei Rudolf Augstein fiel die »Spiegel«-Affäre, die Adenauers Deutschland erschüttert und wohl auch verändert hat. Damals saß er fast drei Wochen lang im Gefängnis, mit ihm die

komplette »Spiegel«-Chefetage. Die Herren sollten gestehen, wie sie an die Staatsgeheimnisse gekommen waren, die angeblich in einer Titelgeschichte *Bedingt abwehrbereit* von Conrad Ahlers, ihrem Verfasser, verwendet worden waren. Es gab keine verratenen Staatsgeheimnisse, und als nach einigen Wochen alle neun Verhafteten wieder auf freiem Fuß waren, folgten die Rücktritte – Franz Josef Strauß war danach nicht mehr Verteidigungsminister.
In den Tagen, als man Claus Jacobi von einem Hamburger Gefängnis in eines in Düren bei Aachen verlegt hatte, war sein Kollege und Freund Mainhardt Graf Nayhauß auf einer Weltreise gerade in Alcatraz angekommen, dem berühmtesten Gefängnis der Welt. Da traf im Gefängnis bei Bonn eine Ansichtskarte von Alcatraz ein: »Wish, you were here!«
Ich bin Jacobis Stil verfallen und habe Gerhard angesteckt. An jedem Samstag findet man auf Seite 2 der »BILD-Zeitung« seine Kolumne, die stets hält, was wir uns von diesem Kauf versprechen. Da liest man kluge Kurzkommentare zu aktuellen Fragen, manche Anekdote, bekommt fröhliche Bildung vermittelt, erfährt, was Claus Jacobi gefällt, was ihm einfällt, was ihm jetzt gerade wichtig ist. Also nimmt Gerhard beim samstäglichen Zeitungskauf »BILD« mit, wo immer er auch ist, in Hamburg, München, Wien. Das hat ihm beim ersten Mal eine verwunderte Rückfrage durch den Wiener Trafikanten eingetragen. Seither verlangt er an jedem Samstagmorgen die »Fachzeitschrift für den kritischen Intellektuellen«, der Zeitungshändler weiß, was gemeint ist, und verwundert schauen allenfalls andere Käufer, die dieses Ritual nicht kennen.
Sätze können faszinieren, inspirieren! Zum Thema der 68er-Jahre und der damals beginnenden politischen Veränderung schrieb Claus: »Ein Linksruck ging durch die Republik. Die Stra-

ße erhob ihr Haupt. Die Umwertung der Werte begann ... Über Goethe wuchs Grass.« Kein Wunder, dass es uns nicht an Gesprächsstoff fehlt, wenn wir Claus und Heike Jacobi nach längerer Zeit wieder treffen.

Ähnlich, wenn auch nicht ganz so, ist es mit Udo Jürgens. Der gemeinsame Wohnort Zürich hat uns einander näher gebracht, zudem sind Udo und das Ehepaar Weck eng miteinander befreundet.
Eines Tages zogen Peter und Mausi Weck wieder nach Wien – Peter war zum Direktor des Theaters an der Wien berufen wor-

26 München, Silvester 1993, nach der Vorstellung »Das Konzert« von Hermann Bahr in der Komödie im Bayerischen Hof, mit Jenny Jürgens und Udo Jürgens

den. Helmut Lohner verließ Zürich, ebenfalls nach langen Jahren. Sascha ging nach der Matura nach England und danach in die USA, ich war nicht mehr am Zürcher Schauspielhaus ... plötzlich war die Schweiz nicht mehr unser Lebensmittelpunkt. So verebbte der Kontakt zu Udo Jürgens.
Nach Jahren erhält Gerhard den Antrag, in München Regie zu führen, *Das Konzert* von Hermann Bahr. Eine junge Schauspielerin bewirbt sich um eine Rolle – Jenny Jürgens. Sie wird engagiert, macht das ausgezeichnet, und Udo besucht seine Tochter. Schon sitzen wir wie einst am gemeinsamen Tisch, das Gespräch beginnt, als hätten wir es nie unterbrochen.
Dann ist wieder jahrelang Pause, bis eines Tages unerwartet eine SMS eintrifft: »Liebe Christiane, habe Dich soeben in ›Beckmann‹ gesehen. Es war eine Freude! ... Ich habe mich sehr gefreut, Gerhard bei meinem Konzert in Grafenegg begrüßen zu können. Euch bald einmal wieder zu treffen, wäre wunderbar, ich grüße Dich sehr herzlich, Dein Udo Jürgens.« Das ist Freundschaft.
Gestern habe ich den vorigen Absatz geschrieben, heute lese ich die Berichte von der Udo-Jürgens-Musicalpremiere in Hamburg, *Ich war noch niemals in New York*. Udo wird gefeiert, quer durch die Generationen. Er ist unglaublich erfolgreich, ohne dass ihn das verändert oder arrogant werden lässt.

Mit Götz George ist es ähnlich. Er hat an Goldenen Kameras und Bambis, was man sich nur wünschen kann, sogar einen Goldenen Löwen von der Biennale in Venedig.
Ich war mit Loni von Friedl befreundet, als die beiden ein Ehepaar waren und Götz sich oft in Wien aufhielt. Da traf ich ihn öfters, dann eher selten, aber ab *Schtonk!* 1991 jedes Jahr. Wir

wurden immer wieder zum TV-Paar gemacht, ich freute mich jedes Mal darüber und war stolz, bin es immer noch, mit ihm zu arbeiten. Nach *Schtonk!* waren wir für eine Folge *Schimanski* zusammen, spielten in der sehr wienerischen Produktion *Blatt und Blüte* ein Ehepaar, ebenso, wie bereits erwähnt, in *Alpenglühen* I und II.

Vor wenigen Tagen erst setzte ich mich seinetwegen hin und schrieb einen Leserbrief, den ersten meines Lebens. Eine große österreichische Tageszeitung hatte ihn ganz besonders gelobt – da gäbe es ja wohl nichts zu protestieren. Aber das Lob hatte damit begonnen, Götz George sei immer unterschätzt worden, man kenne ihn ja nur als Schimanski und Reporter in *Schtonk!*.

In solchen Fällen sagt der Wiener »No allerweil!« und meint damit – allemal, ganz richtig, auch nicht schlecht. Wenn die TV-Kritiker nicht wissen, was Götz sonst noch alles geleistet hat ...

Nun, die Biennale-Jury in Venedig hat es gewusst.

Anlässlich meines Sechzigsten sagte er zu Gerhard: »Und bitte sag ihr, es ist nur ein Tag!«, Betonung auf »ein«. Das war ein sehr lebenskluger Satz, ich gebe ihn gerne weiter, inklusive Quellenangabe. Er wird auch anderen, ebenfalls nicht ganz jungen Geburtstagskindern hilfreich sein.

Carla Rehm, meine Agentin, ist eine Freundin, auch sie seit Jahrzehnten. Auch wenn wir hin und wieder nicht ganz einer Meinung sind, einige Stunden später scheint wieder die Sonne auf diese bewährte Freundschaft, sie muss scheinen, wenn ich gut schlafen will.

Walter Hauk, Arzt in Freiburg, gibt mir, Elisabeth und Maresa das Gefühl, seine einzige, liebste und beste Freundin zu sein.

Unser Ferndiagnostiker, immer da, wenn's brennt! Seine ruhige Art ist Balsam für aufgeregte Schauspielerinnen.
Nicht zu vergessen all die Freunde von Gerhard, die auch zu meinen geworden sind. Die Sänger Heinz Holecek und Harald Serafin und der Maler Gottfried Kumpf, Autor Georg Markus, Regisseur und Intendant Felix Dvorak, Schauspieler Gerhard Dorfer, Filmproduzent Professor Rudolf »Purzel« Klingohr, dazu kommen die Ehefrauen. Und ganz besonders meine beiden Schwestern, wir sind auch Freundinnen ... die Liste ist lang.

Sie wurde noch einmal länger, weil auch meine Schweizer Freunde zu Gerhards Freunden wurden, ihre einstige Freundschaft zu Saschas Vater Rolf auf Gerhard übertragen haben.
Das war für mich, war für uns, von großer Bedeutung. Es hätte ja auch anders kommen können und alle diese Anwälte, Architekten, Historiker, Journalisten, Wirtschaftsleute, die mit Rolf hatten lachen und diskutieren können, hätten Gerhard komplett abgelehnt! Das hätte mir wehgetan, aber nun haben sie eben mit Gerhard gelacht und gedacht, oft eben auch an Saschas verstorbenen Vater, und das war mir lieber.
Und auch Gerhard hat Freunde, die vielleicht keine bekannten Namen tragen, oder sogar sehr bekannte Namen tragen, und alle, alle haben mich mit offenen Armen in den Wiener Freundeskreis aufgenommen, das macht mein Leben reicher und fröhlicher.

Fazit: Freundschaft bedeutet für mich, gemeinsam lachen zu können, gemeinsam Sorgen zu besprechen, keine Angst zu haben, dass die eigenen Fehler zu sehr ins Gewicht fallen.

Kochen

Wenn ich hier eine Überschrift wählte »Ich koche«, sähe ich mich fast schon in der Rolle der Hochstaplerin. Ich koche gewiss hin und wieder, aber eben nur im weitesten Sinne. Ich wärme etwas auf, das mir die Feinkosthandlung in küchenfertigem Zustand verkauft oder was Gerhard für mich vorbereitet hat. Manchmal koche ich beinahe richtig und seit Jahren wünsche ich mir einen Kochkurs. Die Erfüllung dieses Wunsches wäre ja nicht so kompliziert, hätte ich einen anderen Beruf. Aber so – mit den vielen Terminänderungen, den langen Wochen, da ich meine Texte lerne ... Also, diesen Wunsch schiebe ich weiterhin vor mir her.

Es geht mir dabei gar nicht so sehr um die Tätigkeit in der Küche an und für sich, ich möchte einfach den einen oder anderen Geschmack wieder erleben, den ich in sehnsüchtiger Erinnerung habe, denn die Gegenwart vermag ihn mir nicht mehr zu bieten. Das Kürbiskraut in Grinzing, zuhause, oder der Lachs auf Art der Ingrid Weck ... In einem Interview, das mir nach vielen Jahren auf der Suche nach meiner Vergangenheit in die Hand gefal-

len ist, behaupte ich, Beuschel sei meine Lieblingsspeise. Das war 1985, und ich kann mich nicht erinnern, irgendwann seither einmal ein Beuschel gegessen zu haben.
Fünf Jahre später schwärmte ich der Journalistin einer Hamburger kulinarischen Zeitschrift von allen möglichen Speisen vor. Sie war offensichtlich in das Thema eingelesen und fragte mich: »Lieblingsgericht? Beuschel mit Knödel, nicht?« Und ich antwortete ohne Zögern: »Ein Traum, wenn es gut gemacht ist.«
Sogar im *Weißen Rössl* kommt das Beuschel vor, da liest der Berliner Fabrikant Giesecke von der Speisekarte »Be – uschel«, lässt sich erklären, was das ist und übersetzt es mit »Lungenhaschee«. Stimmt ja auch, warum das wohl in der Volksoper in Wien immer so ein Lacher war? Mitte der Siebzigerjahre war ich dort die Rösslwirtin, vielleicht haben sich die Leute über den herrlichen Heinz Reincke amüsiert, der diesen Paradepreußen gab, der war in Wien sehr beliebt. Reincke ist auch einer, der gerne isst und das Kochen anderen überlässt.

Jetzt bin ich schon mitten im Thema – Freund Otto Schenk kann, hört man, gut kochen, aber überlässt es lieber seiner Frau Renee, und Heinz Holecek, der selbst nicht kocht, liebt die Küche zuhause. Bei uns kocht, wie schon erwähnt, Gerhard. Er verbindet die handwerklichen Tätigkeiten mit Nachdenken, hört Wissenschaftssendungen im Radio oder, falls etwas Kochwein im Spiel ist, neapolitanische Lieder und stellt manches so auf den Tisch, dass ich diese Komposition nie wieder in anderer Form haben will. Da ist zum Beispiel ein Erdäpfelpüree, das ich als solches essen kann, als Hauptgang und Dessert, bei dem es mir leidtut, wenn ein zugleich angekommener Fisch mir den Platz im Magen verstellt. Da ist eine sehr spezielle Art des

Umgangs mit Würsten in der Bratpfanne, mit Weißwein und Ingwer, die von ihm im Ursprungsland erlernte Form des Umgangs mit Pasta, ebenso die Risottoherstellung. Und dann hat er noch ein italienisches Rezept für Herrenpilze – in Deutschland nennt man sie Steinpilze –, das mich das ganze Jahr auf die Saison warten lässt. Die kulinarische Rollenverteilung tut uns gut! Er erholt sich bei dieser Arbeit von seiner Arbeit und denkt während des Schneidens gelber Rüben an seine Projekte. Wenn ich wirklich kochen muss, dann geht es ja, irgendwie. Ich erinnere mich an einen Abend, wir hatten das Biedermeierhaus in Baden bei Wien erst kurz zuvor erworben und waren dabei, es instand zu setzen. An diesem Abend war ich alleine, kaufte für mich ein und bereitete mir ein Fiakergulasch: Ich habe das Fleisch angeröstet, den heiklen Moment für die Paprika richtig

27 Kochen lernen wollen –
mit Agnes Amberg in Zürich ...

getroffen, die Würstel hineingeschnitten und die vorgeschriebene Gurke, das Spiegelei, dazu eine Kaisersemmel – und dann war ich so stolz auf mein Werk, dass ich selig vor mich hin grinsend gedacht habe: Mein Gott, geht es mir gut! Das kommt auch vor.

Einmal, das kann ich ruhig zugeben, durfte ich bereits einen Kochkurs absolvieren – freilich einen sehr kurzen. Die begnadete österreichische Vorzeigeköchin Lisl Bacher-Wagner ließ mich

28 ... und mit Lisl Bacher-Wagner in der Wachau

in ihrer Küche einige Stunden lang zusehen, und ich sah, wie sie sich in ihrer haubenübersäten, hochgeehrten Kommandozentrale bewegte und konnte diese Erkenntnisse in dem Film *Tafelspitz*, Regie Xaver Schwarzenberger, einsetzen. Das war schon sehr eindrucksvoll: die vielen Befehle, die souveräne Umsicht, die betörenden Ergebnisse.

Beinahe hätte ich auch schon in Zürich zumindest die einfacheren Grundlagen gelernt. Dort gab es das berühmte Restaurant der Agnes Amberg und ihre Kochschule, das wäre meine Chance gewesen. Es wären keine fünf Minuten zu Fuß gewesen. Den Weg kannte ich, es war mein Weg zum benachbarten Schauspielhaus. Vielleicht bin ich deswegen doch nicht zur Amberg-Schülerin geworden, angesichts der vielen Tage und Abende, die ich mit Proben und Aufführungen hier verbracht habe.

In meiner Familie ist zwar das Gastgewerbe kaum vertreten, aber in Ansätzen eben doch. Mein Großvater Carl Wessely war ein sehr angesehener Fleischhauermeister, er hatte seinen Betrieb in Wien, im Bezirk Fünfhaus. Das Elternhaus meiner Mutter ist dem Zweiten Weltkrieg zum Opfer gefallen. Und meine Tante Mitzi, die Schwester meiner Mutter, hat ihr Leben ja tatsächlich im Gastgewerbe verbracht, sie hat mit ihrem Mann ein Kaffeehaus in Wien betrieben. Später hat sie die Führung der Café-Konditorei Schuh in Bad Gastein übernommen, die meinen Eltern gehört hat. Dort sollte meine Zukunft liegen, wäre es nach dem Willen meiner Eltern gegangen. Deshalb habe ich die Handelsschule besucht, immerhin habe ich auf diese Weise einen Schreibmaschinenkurs absolviert, absolvieren müssen. Zu dieser Zeit, 1955, durfte ich meinen Papa in Wiesbaden besuchen, wo er gerade einen Film drehte. Da erhielt ich von deutschen Filmleuten ein Rollenangebot – aus war es mit der Zuckerbäckerzukunft. Dieses kleine Detail aus meinem Leben ist so oft erzählt und erwähnt worden, dass ich es jetzt nicht wieder beschreiben werde. Zuletzt hat meine nicht stattgefundene Zuckerbäckerei für die Rede herhalten müssen, die Gerhard in Gutenstein gehalten hat, wo Ferdinand Raimund zuhause war. Dort habe ich im Sommer 2007 den Ferdinand-Raimund-Ring, eine Ehrung,

29 Der erste Film 1955:
»Der Major und die Stiere«
mit Hans von Borsody

bekommen. Auch der große Dichter ist dem Beruf des Zuckerbäckers entflohen, um zum Theater zu gehen.

Im Frühjahr 2007 drehte ich in Berlin *Niete zieht Hauptgewinn*. Diesmal spielte ich nicht die kochende Wirtin wie in *Tafelspitz*, sondern die Kaffeehausbesitzerin mit großen Fähigkeiten auf dem Gebiet der Mehlspeiserzeugung. Da wurde mir das Thema Küche natürlich auch immer wieder serviert, von Journalisten, bei den Interviews.
Ob ich mir ein Leben als Wirtin vorstellen könnte?
»Ich würde verhungern, weil kein Gast zu mir käme«, war mein Kommentar.
Eines dieser Interviews erschien unter der Überschrift »Ich kann nicht kochen, aber ich kann es gut spielen«. Und das stimmt

natürlich. Der Kommandoton mit der Küchenbrigade, das sanfte Säuseln im Gespräch mit dem Gast, diese Unterscheidung zu spielen, das macht einfach auch Spaß. Aber selber kochen, das ist schon was anderes.

Wenn man mich nach einem Rezept fragt – das kommt vor –, nenne ich stets eines aus der Familienküche, das Schokoladendessert Leopoldine Hörbiger, benannt nach meiner Großmutter. Maresa hat das Rezept über die Zeiten gerettet, und als ich die Wienerin spielte, die in Berlin ein Kaffeehaus betreibt, haben mich Journalisten immer wieder nach einem typisch wienerischen Dessert gefragt. Dann kommt die Großmutter zum Einsatz:

Schokoladendessert Leopoldine Hörbiger

Für 12 Stück:

140 g Schokolade
3 EL Wasser
140 g Zucker
140 g Butter
4 Eier, getrennt
3 EL Mehl
2 EL Butter und 2 EL Brösel für das Backblech
100 g Mandelstifte
250 g Schlagobers
1 TL Staubzucker

Die Schokolade mit 3 Esslöffel Wasser aufkochen, ab und zu umrühren, abkühlen lassen.

Zucker, Butter und die Eidotter schaumig rühren, die abgekühlte Schokoladenmasse Löffel für Löffel dazurühren. Aus dem Eiklar Schnee schlagen, diesen zusammen mit dem Mehl unterheben. Ein Backblech mit Butter bestreichen, mit Bröseln bestreuen und den Teig auf das Blech streichen. Den aufgestrichenen Teig mit den Mandelsplittern bestreuen. Das Ganze langsam backen. Vorsicht, nicht zu lange backen, das Innere darf nicht hart werden. Nach einer Viertelstunde Backzeit mit einer Nadel eine Kontrolle machen.
Den gebackenen Teig in gleich große Quadrate schneiden, mit gezuckertem Schlagobers servieren.

In einem meiner Schulhefte finde ich die »7. Schularbeit, 6. Juni 1951«. Da hatten wir die Wahl zwischen drei Themen – 1) *Ein gelungener Kochversuch,* 2) *Ein misslungener Kochversuch* und 3) *Das war eine Freude!* Was habe ich gewählt? Richtig. Sah etwa so aus (ich habe es ein bisschen gekürzt):

»Zaghaft betrat ich an einem schulfreien Nachmittag die Küche. Nicht zaghaft, weil ich vielleicht vor unserer Köchin Angst gehabt hätte! Keine Spur! Nur kam mir meine Idee, von selbst kochen zu lernen, etwas waghalsig vor. Ich hatte mir die richtige Zeit gewählt. Niemand war zu Hause, außer unser Hund. Na, und der konnte mich doch nicht stören! Nun ging ich also fest und sicher zum Herd und betrachtete die verschiedenen Gashähne genau. Ich kannte mich doch gar nicht aus. Aber was, probieren geht über studieren! Und so blätterte ich dann nachdenklich im Kochbuch. Kartoffelpüree mit Ochsenzunge ja, natürlich.

Also die Kartoffel schälen. So das geht schon ganz gut. Ich blickte auf die Küchenuhr. 3h! Um 5h würden die Anderen kommen. Also flink! Jetzt kommt die Zunge. Ich holte sie rasch aus der Speisekammer und legte sie auf ein Brett. Dann nahm ich ein Messer, das große natürlich, und schnitt 2 Stücke ab. Zwar etwas dick aber ›das kann ja passieren‹, dachte ich. Ich blickte zur Uhr hinauf. Da – das Herz blieb mir stecken. ? 5h. Rasch, legte ich die beiden Zungenstücke in ein Reindel, hillt es etwas über das Gas, das ich mit Mühe angezündet hatte, und legte die Stücke dann auf einen Teller. Mit den Kartoffeln machte ich es ebenso. Sie schienen mir zwar etwas hart, aber das machte mir nichts. Da hörte ich schon das Haustor. Meine Eltern und meine beiden Schwestern kamen. ›Ich habe euch etwas feines gekocht!‹ rief ich und stellte geschäftig die beiden Teller auf den Tisch. Erwartungsvoll blickte ich in das Gesicht meiner Mutter, als sie den 1. Bissen zum Munde führte. Meine Mutter runzelte zuerst die Stirne, doch dann lachte sie hellauf: ›Aber Nani, du hast ja alles vergessen zu kochen!!‹ Und ich dachte bei mir: Nie mehr koche ich alleine.«

Unsere Deutschlehrerin hatte mit roter Tinte munter korrigiert und dann geschrieben:
»Ich habe den ganz bösen Verdacht, dass Du gar nie in der Küche warst! Deine Beobachtungen beim Kochen beziehen sich leider nur auf die Uhrzeit! Sonst gut.«

In der Küchentheorie bin ich überhaupt ganz gut. Wenn ich dieses Buchmanuskript abgegeben habe, werde ich mich der Praxis zuwenden.
Vielleicht.

So sollte dieses Kapitel eigentlich enden. Inzwischen ist Weihnachten vorbei, und Gerhard hat mir etwas geschenkt, wovon er weiß, dass ich es mir wünsche. In einem Interview für die »BUNTE« hatte ich diesen Wunsch erwähnt, aber er kannte ihn natürlich längst! Und nun wird er erfüllt: ein Kochkurs bei Lisl Bacher-Wagner, der erwähnten österreichischen Ausnahmeköchin, in deren Küche ich mir ja, wie berichtet, schon einmal einiges für einen Film abgeguckt habe. Also endet dieses Kapitel so: Wenn ich dieses Buchmanuskript abgegeben habe, werde ich mich der Praxis zuwenden.
Sicher.

Fazit: Kochen ist notwendig, selbstverständlich. Und wenn schon gegessen werden muss, dann eben auch bei geringstem materiellen Aufwand – so gut es geht!

Wie ich den Tag überliste

So viele Menschen sind schon morgens deprimiert, gleich beim Aufstehen. Ich denke da nun nicht an all die Armen, die in hungernden Weltgegenden, in kriminell regierten Ländern ohne ernsthafte Gesetze, in ewig von Tsunamis oder Erdbeben bedrohten Gebieten leben. Ich meine die vielen Menschen bei uns in Mitteleuropa, die traurig sind, die resigniert haben, die ihren Problemberg nicht mehr übersehen.

Und dann gibt es daneben auch diejenigen, die keinen Grund zur Resignation haben, die weit genug oben sind, um ihre Probleme zwar nicht übersehen, aber überschauen zu können, die traurig sind, ohne zu wissen, weshalb. Das bin manchmal auch ich.

Ich wache im dunklen November auf und bin deprimiert. Ich habe keinen greifbaren Grund, keinen beängstigenden Befund von einem Arzt, keine wirklichen Sorgen innerhalb der Familie – ich bin einfach deprimiert.

Das drückt auf die Seele, die Arbeitskraft, raubt mir den Elan, den Witz, die Hoffnung. Ich nehme mir einen Vorschuss auf Zores, also hasse ich es.

Vor vielen Jahren, als Rolf uns so sehr fehlte, da zwang mich die Sorge um meinen Sohn Sascha, die eigene Traurigkeit, die zuweilen in Apathie umschlug, zu überwinden. Da hatte ich ja nun wirklich Grund, traurig zu sein, aber ich fand einen Weg zu anderer Stimmung, es blieb mir keine andere Wahl. Jetzt habe ich immer wieder gar keinen Grund – und muss den Weg dennoch finden.
So setze ich mich hin, beim Kaffee, nach dem sanften Morgensport, und ziehe Bilanz. Welche Gründe habe ich, traurig zu sein? Was ist im Haben, was im Soll zu verzeichnen? Pläne, Zukunft, Ideen, Nahes, Fernes, was erwartet mich, was erwartet mich vor allem heute? Ich muss kein Akonto auf Ärger verbuchen, den ich eventuell in einigen Monaten haben könnte. Ich denke an die nächsten Stunden, den beginnenden Tag.

Ich wollte und will keinen Ratgeber verfassen. Das überlasse ich den Profis. Aber mir ist aufgefallen, dass ein freundlicher Kollege in einem Produktionsbüro, ein lächelnder Mensch in der Theaterkantine sehr hilfreich sein können. So bin ich also mein eigener lächelnder Mensch, bin selbst für mich der freundliche Kollege, zuhause, im Hotelzimmer, beim Aufwachen, beim Morgenkaffee.
Es geht nicht immer. Manchmal ist man – man sage ich bewusst, denn es geht wohl auch anderen Menschen so – zu tief in der Grauzone, als dass sich der gute Gedanke durchsetzen könnte. Da hilft dann vielleicht der Gerhard, und wenn er weit weg ist, sogar die Maskenbildnerin mit dem bayrischen Dauerspruch »Denken S' Eahna nix!«.
Ich trotze der schlechten Stimmung, bevor der Tag noch begonnen hat. Ich gehe im Sommer in meinen kleinen Garten und frage die Rosen, wie die Nacht war, trinke den Kaffee nicht

zuhause, sondern in der Konditorei am Eck, und beobachte die zur Schule eilenden Konditorenkel.
Immer funktioniert es nicht, Arbeit hilft am ehesten. Und wenn man keine hat? Morgensport. Und wenn einen der nicht freut? Ein langer Spaziergang, nach Möglichkeit ein wenig mühevoller. Ich will ja nicht einen Berggipfel erstürmen, sondern auf bessere Gedanken kommen. Da suche ich mir einen der vielen guten Eindrücke von meinen zahllosen Reisen: mit meiner ursprünglichen Familie in Südfrankreich, mit Rolf in Afrika, mit Sascha zum ersten Mal alleine auf langer Tour in den USA.
Und meistens gelingt es mir. Dann habe ich den Tag wieder im Griff. Und bevor ich endgültig in einem Eck lande »Frau Christiane gibt Rat und Antwort«, höre ich auf und freue mich, dass ich meinen heutigen Morgenkummer mit diesen Zeilen besiegt habe. Ich werde es dem Tag schon zeigen!

Fazit: Was ich auch tu', es so zu tun, als wäre es zum ersten Mal – oder zum letzten Mal.

»Jedermann«

Eine Rolle unter vielen, die Buhlschaft. Noch nicht einmal eine wirklich große Rolle, gerade mal neunundvierzig Zeilen Text! Und dennoch: die Rolle neben der Titelfigur, begehrt wie der Jedermann selbst, vor mir von Maria Becker, Judith Holzmeister, Lola Müthel, Ellen Schwiers, Nadja Tiller, später von Nicole Heesters, Senta Berger, Marthe Keller und in den letzten Jahren von Dörte Lyssewski, Veronica Ferres, Nina Hoss, Marie Bäumer, Sophie von Kessel.
Der *Jedermann* von Hugo von Hofmannsthal begleitet meine Familie, seit ich denken kann – das heißt, er hat uns begleitet. Zur Zeit steht niemand von uns auf dem Salzburger Domplatz, keine Schwester, kein Neffe. Ich war noch ganz klein, da durfte ich den *Jedermann* schon sehen, es war das erste Theaterstück meines Lebens. Knapp vor Beginn lief damals mein Vater, der die Titelrolle spielte, mit mir über endlose Gänge, geheimnisvolle Wege und Stiegen und überreichte mich den schon an den Fenstern sitzenden Klosterschwestern.
Meinem Vater war diese Figur, diese Rolle ungemein wichtig. Als

Max Reinhardt den *Jedermann* dem Schauspieler Attila Hörbiger überantwortete, bedeutete das für ihn einen ganz großen Schritt in seiner Karriere. Das war 1935. »Du musst darauf bestehen«, sagte Mama, »dass er selbst herkommt und mit dir arbeitet. Nicht nur zwei, drei Tage, sondern wirklich drei Wochen lang!« Und sie hatte recht – wie so oft. Das hat er auch selbst immer wieder in Interviews gesagt. Er verdanke ihr so vieles in diesem Beruf, in den er ja eigentlich hineingeschlittert war, ohne ernsthafte eigene Berufswünsche, einfach seinem älteren Bruder Paul folgend.

Max Reinhardt schickte damals aus Hollywood, wo er im Filmgeschäft Fuß fassen wollte und gerade seinen *Sommernachtstraum*-Film realisiert hatte, ein Telegramm, akzeptierte die Bedingung und war wirklich drei Wochen lang in Salzburg, um mit Papa zu arbeiten. Das muss sehr gut gegangen sein, denn Reinhardt rief Mama an – sie war in diesen Jahren sein Gretchen im *Faust* – und erzählte begeistert von den Proben.

Damit ist Attila in den *Jedermann* eben nicht irgendwie hineingerutscht, sondern er wurde ihm vom wichtigsten Theatermann des deutschen Sprachraums, vielleicht Europas, übergeben. Ernst Schröder, er war viele Jahre später mein Jedermann, hat einmal gesagt, diese Rolle werde einem nicht angeboten, zum Jedermann werde man eingeladen.

In der Nazizeit durfte das Stück nicht gespielt werden, aber gleich nach dem Krieg hat man es wieder auf den Domplatz gebracht, in der Titelrolle abermals Attila Hörbiger. Diesmal führte Helene Thimig Regie, Max Reinhardts Witwe.

Papa hatte ab 1931 schon den Guten Gesellen gespielt, und Mama war später der Glaube, in Bad Hersfeld zuerst, dann auch in Salzburg. Und der Jedermann verfolgte unseren Vater

30 Zu Besuch bei meinem Vater während der Bad Hersfelder Festspiele: Mit dem Burgtheaterstar Albin Skoda

nach Bad Hersfeld, von 1951 an spielte er ihn dort einige Jahre. Die 1950 gegründeten und noch heute bestehenden Bad Hersfelder Festspiele (in der Domruine) hatten sehr schnell einen hervorragenden Ruf, die Elite deutschsprachiger Schauspieler kam dort allsommerlich zusammen. Ich war in den Fünfzigerjahren einmal zu Besuch, da gibt es Fotos von mir mit dem Burgtheaterstar Albin Skoda. Zu der Zeit freilich war ich eher noch von Prüfungsängsten erfüllt als von Textangst oder Lampenfieber, in der Mittelschule in der Hofzeile in Wien, danach in der Handelsschule. Aber eines Tages, 1969, nach vielen Jahren im Beruf, war ich in Salzburg die Buhlschaft. Leopold Lindtberg führte Regie.

Zu dessen achtzigstem Geburtstag am 1. Juni 1982 hielt ich auf der Bühne des Zürcher Schauspielhauses eine Rede:

»... Und viele Salzburger Sommer sind in der Erinnerung mit dir verknüpft, angefangen von Vaters nächtelangem Klaviergeklimper für seine Couplets in eurem *Lumpazivagabundus* – für mich die unerreicht beste Aufführung dieses Stücks, bis zu deinem *Jedermann*, in dem ich dann vier Jahre lang die Buhlschaft spielte, nicht sehr gern übrigens, da die Fliegen und das Hundegebell mich immer wieder sehr gestört haben. Aber die Arbeit mit dir war wunderschön.«

Ich hatte ein grellrotes Kostüm an, ich wollte eine wilde und gar nicht damenhafte Buhlschaft sein, keine von diesem materialistischen Bürger Jedermann aus aristokratischen Kreisen geholte Trophäe. Und ich wollte barfuß spielen und tanzen – das erlaubte Lindtberg mir nicht, meine Buhlschaft war gesitteter als geplant. Wahrscheinlich hat er – für damals – recht gehabt. Er hatte meistens recht.

31 Als Buhlschaft auf der »Jedermann«-Bühne...

Die Kritik jedenfalls bestätigte ihn. Der große Piero Rismondo, der sensationell viel über das Theater wusste, schrieb über den Mut Leopold Lindtbergs, einen ganz anderen, einen »heutigen« *Jedermann* auf die Bühne am Salzburger Domplatz zu stellen:
»Dass mit dem Salzburger *Jedermann* ›etwas geschehen müsse‹, war schon seit langem klar ... Lindtberg geht nicht von Rein-

32 ...und privat vor der Bühne, auf dem Salzburger Domplatz

hardts Regiekonzept aus, sondern tritt neu und eigenständig an Hofmannsthals Text heran ...«
Ernst Schröder in der Titelrolle kam ebenfalls gut weg, und dass Rismondo damals fühlte, was ich aus meiner Buhlschaft machen hatte wollen, beflügelte mich:
»Die Buhlschaft spielt Christiane Hörbiger, unbekümmert erst, folgt sie gespannt Jedermanns Schicksal, ehe sie ihn mit einem Schrei im Stich lässt.«

Auch dieser langgedehnte Schrei war mir wichtig gewesen, da war Lindtberg einer Meinung mit mir.

In einem meiner Buhlschaft-Jahre war ich mit meiner Schwester Elisabeth gemeinsam im *Jedermann*-Engagement, sie gab 1972 die Guten Werke. Mein Schwager Hanns Obonya stand jahrelang mit mir auf der Bühne vor dem Dom von Salzburg, er war der Arme Nachbar. Sein Sohn Cornelius hat den Familienberuf ergriffen, sein Erfolg hätte dem Vater viel Freude gemacht. Hanns starb wenige Monate vor meinem Mann Rolf, Elisabeth und ich waren innerhalb von zehn Wochen Witwen geworden. Ernst Schröder und ich gaben unsere Rollen 1973, nach vier Jahren weiter an Curd Jürgens und Nicole Heesters. Die nächste Buhlschaft war 1974 Senta Berger, doch Senta wurde im letzten Moment vor ihrer Premiere krank. Der Schauspielchef der Festspiele, der neue *Jedermann*-Regisseur Ernst Haeusserman, bat mich, bis zu ihrer Rückkehr wieder die Buhlschaft zu spielen, und es war eine Freude für mich.

Mit Leopold Lindtberg hat mich vieles verbunden, ich habe ihn, wie das gesamte Burgtheaterensemble, später auch jenes des Zürcher Schauspielhauses, nicht nur geschätzt, wir haben ihn verehrt. Ich bin ihm 1967 von Wien nach Zürich gefolgt, als er dort Direktor wurde. Und ich habe ihm niemals vergessen, dass er sich einmal für mich eingesetzt hat, als ich sehr traurig, ja verzweifelt war. Ich hatte im April 1957 mein Theaterdebut – einige Filme hatte ich schon gedreht – am Burgtheater, achtzehn war ich damals, als Recha in einer Repertoirevorstellung des *Nathan* von Lessing. Und fiel durch, vor allem bei der Kritik. Das ist immer wieder berichtet worden und ich möchte es jetzt nicht wiederholen. Jedenfalls schrieb Lindtberg damals einen Brief an den Kritiker Hans Weigel, mit dem ich mich später ganz ausgezeichnet verstanden habe: »Wie können Sie eine talentierte Anfängerin mit einem Satz fertig machen?« Das habe ich ihm niemals vergessen. Sein Tod hat mich sehr getroffen.

Doch über diesem Kapitel steht nicht »Lindtberg«, sondern »Jedermann«.

Meinen Vater hat die Erinnerung an diese wesentliche Rolle bis zum Tod nicht verlassen, auch die sehr lebendige Erinnerung an die Arbeit mit Max Reinhardt nicht. Immer wieder erzählte er, auch noch in schon sehr vorgerückten Jahren, wie Reinhardt ihm den Moment des Sterbens erklärt, wie er ihn mit ihm erarbeitet, geprobt hat.

Für uns Kinder war die alljährliche Fahrt von Wien nach Salzburg eine Freude. Schulferien, die Fahrt im offenen Auto, irgendeine kleine Aufregung, eine Überraschung gab es dabei immer. Es war ja noch keine Rede von einer Autobahn zwischen hier und dort, es ging über die Bundesstraße. Und bei Enns mussten wir über die Zonengrenze, die die sowjetische Armee dort scharf kontrollierte. Da wurde das Gepäck sehr intensiv untersucht, und Papas Jedermann-Kostüm mit seinem reichen Schmuck, den applizierten Steinen und der goldenen Kette interessierte die Soldaten ganz besonders.

Mit einem Horch sind wir gefahren, voll von Gepäck, für fünf Menschen. Jemand hat einmal behauptet, unser Vater sei mit diesem Wagen gefahren, weil Adolf Hitler ihn bevorzugt habe. Das war natürlich absoluter Unsinn, denn mit einem Horch fuhr damals fast jeder, der auf sich hielt – und es sich leisten konnte. Zudem habe ich Fotos gesehen, auf denen Hitler in einem Mercedes sitzt, da hätten sie nach dem Krieg viel zu tun gehabt, wenn sie alle Mercedesfahrer vor die entsprechenden Kommissionen geladen hätten ...

Attila Hörbiger war zeitlebens ein Autonarr. Dieses Interesse, wie überhaupt für alles Technische, wird er wohl von seinem Vater geerbt haben, und im Elternhaus war er ja auch ständig von Technikern umgeben, dem Bruder Alfred, den Freunden und Mitarbeitern des Vaters Hanns Hörbiger. Von diesem Großvater kann ich eigentlich nur erzählen, was man wiederum mir erzählt hat, ich habe ihn ja nicht mehr kennen gelernt. Aber wir sind ja noch immer beim *Jedermann*, und ich komme schon wieder vom Thema ab, also Schluss damit, nur noch eines:

Vor einigen Jahren entdeckte Sascha in einer Filmbuchhandlung in Los Angeles, und eben nicht in Salzburg, Berlin oder Wien, eine Ansichtskarte, die seinen Großvater im *Jedermann* zeigt. Er war stolz auf seine Familie und schrieb uns: »... da betritt man also nichtsahnend eine Filmbuchhandlung und sucht sich eine Karte für die lieben Eltern und findet ...«

Und dann waren auch wir stolz.

Fazit: *Jedermann* war und ist nicht nur ein Stück mit vielen Rollen an einem prominenten Ort, es ist auch ein Meilenstein auf dem Weg eines Schauspielers, eine wichtige Wegmarke.

Kortner

Am 22. Juli 1970 starb Fritz Kortner. Drei Tage vorher hatten wir Saschas zweiten Geburtstag gefeiert, wir waren schon in Salzburg. Wenige Tage später wurden die Festspiele eröffnet, ich war zum zweiten Mal die Buhlschaft. Ernst Haeusserman verfasste einen berührenden Nachruf auf den großen Theatermann. Auch wer ihn nicht persönlich gekannt hat, wird in diesen Tagen intensiv an Fritz Kortner, wird seiner gedacht haben – die Menschen vom Theater ebenso wie die zahlreichen Kortnerverehrer im Publikum.

In seinen Erinnerungen schreibt Georg Thomalla: »Als Fritz Kortner mich an die Münchner Kammerspiele holt, ist das für mich nach langer Filmarbeit wie ein Geschenk des Himmels.« Das hätte für mich so nicht ganz gestimmt, denn ich war ja längst am Burgtheater und habe wunderbare Rollen gespielt, aber auch wenn das nicht gerade ein »Geschenk des Himmels« war, so habe ich mich über Kortners Antrag doch sehr gefreut.

Ich spielte 1965 in seiner Inszenierung von Schillers *Kabale und Liebe* die Luise an den Münchner Kammerspielen. Das war nicht ganz einfach zu bewerkstelligen, ich hatte ja meinen Vertrag mit dem Burgtheater und die nächste Rolle vor mir. In Ferdinand Raimunds *Der Alpenkönig und der Menschenfeind* sollte ich an der Seite von Papa und Onkel, Attila und Paul, spielen, aber ich wollte doch lieber nach München, zu Kortner. Ernst Haeusserman, mein Burgtheaterdirektor, zeigte Verständnis, er entließ mich aus dem Vertrag und ermöglichte mir die Luise. Mein Ferdinand war Helmut Lohner.

Diese Probenwochen sind, durch einen der Assistenten Kortners dokumentiert, immer wieder im Fernsehen zu erleben: durch den bald nach dieser Arbeit immer bekannteren Hans Jürgen Syberberg. Da höre ich manchmal aus dem Publikum, man habe

33 Als Luise mit Helmut Lohner als Ferdinand in »Kalabe und Liebe« von Schiller an den Münchner Kammerspielen, 1965, ...

den Eindruck, der große Regisseur habe Helmut so liebevoll, mich so rücksichtslos behandelt. Ich habe das nicht so empfunden – ich war, siebenundzwanzig Jahre alt, in den dreiundsiebzigjährigen Kortner verliebt.

34 ... und wir beide mit unserem
Regisseur Fritz Kortner

Das ist keine Floskel, ich erinnere mich an meine Gefühle von damals. Nach den Proben ging ich, an fast allen Probentagen, mit ihm auf die andere Seite der Maximilianstraße und in die Halle der »Vier Jahreszeiten«, er auf einen Kaffee, ich auf Orangensaft. Ich bin mir nicht schlecht behandelt vorgekommen, ich war ungemein beeindruckt.

Sein kompromissloses Denken, seine bestürzende Kraft im Umgang mit dem gesprochenen und dem geschriebenen Wort, der neue Blick auf alte Theaterstücke, das hat Schauspieler, kluge Direktoren, Kritiker zu Verehrern gemacht. In seinem Nachruf schrieb Haeusserman:

»Begräbnis, Nachrufe, Feiern sind vorbei. Was in diesen Tagen über den jüngsten großen Alten, nicht nur des deutschsprachigen Theaters, sondern des Welttheaters, Fritz Kortner, gesagt und geschrieben wurde, bedarf keiner Ergänzung.«

Des Welttheaters ... Kortner war ein Elementarereignis. Jahre und Jahrzehnte nach der Premiere in München habe ich mich an seine Regieanweisungen erinnert, mich an sie gehalten, hätte seine Wahrheit nie verraten.

Er konnte einen Gedanken ebenso neu formen wie eine altbekannte Szene. In seinem Erinnerungsbuch *Aller Tage Abend* schreibt er über eine Figur, die am Theater im Rollenfach des jugendlichen Helden von überragender Bedeutung war, es aber heute in dieser Form nicht mehr ist:

»Der Held ist nicht unangefochten tugendhaft, erst die Auseinandersetzung zwischen gefährdeter Tugend und innerer Stärke ist dramatisches Leben ... Der moralische Mensch unterscheidet sich vom unmoralischen nicht dadurch, dass er ohne Laster ist, sondern dass er Herr seiner Anfechtungen wird. Das übliche Bühnenheldengebaren sagt nichts über diesen Kampf aus.«

Es war das Faszinierende an Kortner, dass er neu gedacht, nicht einfach übernommen hat und nachzugeben nicht bereit war. Das bereitete ihm natürlich unglaubliche Schwierigkeiten.

Die Wiener Tageszeitung »Die Presse« berichtete in Erinnerung an Kortner zu seinem ersten Todestag von seinem Kampf mit den Bühnengewerkschaften, in seinen eigenen Worten. Da vermerkt er, dass die »eingeborene Raimundsche Theaterlust des Wieners« stärker sein kann als einengende Arbeitszeitvorschriften, dass sie »Bühnenbewegtheit« entfesseln kann, und schreibt weiter: »Ebenso oft wurde sie jedoch zurückgepfiffen von Funktionären, die Arbeitsfreude für ein schweres Vergehen gegen den Gewerkschaftsgeist halten.«

Kortners Gegner waren zahlreich. Manche sind ihm nur durch seine Freude an der Pointe, durchaus auch und zumeist auf Kosten anderer, erwachsen. Als ihm Direktor Haeusserman während der Proben zu Shakespeares *Othello* am Burgtheater einmal sagte, man höre, er sei in letzter Zeit so besonders nett bei diesen Proben, antwortete Kortner: »Das ist nicht der Ruf, von dem ich wünsche, dass er mir vorauseilt.« Viele dieser Sätze und Bonmots sind in die Theatergeschichte eingegangen, so auch »Ich kann aus meiner Mördergrube kein Herz machen«.

In Wahrheit konnte er aber durchaus liebenswürdig, ja gütig sein. In unsere *Kabale*-Zeit fiel ein wichtiges Ereignis: Helmut Lohner wurde Vater. Therese kam zur Welt – ich habe in den Neunzigerjahren mit ihr Theater gespielt –, sie war die Titelfigur in unserer Münchner *Olympia*. Fritz Kortner war damals sehr herzlich, er freute sich und zeigte das in einem berührenden Gratulationsbrief.

Er war ja auch ein vorbildlicher Großvater und erzählte, wie er für seine Enkel Kasperletheater spielte. Das hätte man gerne miterlebt, die Legende Kortner als Kasperl und Hexe und Krokodil. Er schreibt ja sogar darüber, wenn er sich der letzten Begegnung mit Gustaf Gründgens erinnert, wenige Tage vor dessen Tod. Da fragte ihn Gründgens nach seinen Kindern, und Kortner berichtet: »Die Schilderung meiner Kasperlevorstellungen für die bei-

den Enkelbuben regte ihn zu heiter-witzigen beruflichen Kommentaren an – mit ein bisschen Rührung dahinter.«
Es ist leicht für mich, diese Sätze wörtlich zu zitieren. Mein Exemplar von *Aller Tage Abend* stammt aus dem Bücherschatz meiner Mutter, mit der Widmung des Autors: »Der liebenswertesten unter den Großen. Fritz Kortner.« Sie hat bei ihm die relativ kleine Rolle der Emilia gespielt, Jagos Frau. Piero Rismondo hat in seinem Nachruf ganz besonders an diese Aufführung erinnert, an die auch hier neue Sicht Kortners: »In der *Othello*-Inszenierung am Burgtheater leuchtete er wie bisher noch nie die schlechte Ehe Jago-Emilia heraus und zeigte die Othello-Tragödie in ihrem Widerschein. Daher die Besetzung der Emilia mit der Wessely: unvergesslich ihr Schrei, als sie von Jagos Schandtat erfährt und ihr die Schleier von den Augen fallen: ›Mein Mann?‹«

Die Arbeit mit Kortner und mein Erfolg als Luise waren für mein einige Jahre vorher noch von der Wiener Kritik arg zerzaustes Selbstbewusstsein mehr als hilfreich.

Weder meine Mutter noch ich sind in die Kortnersche Schusslinie seiner »Mördergruben«-Pointen gekommen, andere sehr wohl. Oft kam es zu Gerüchten und Berichten von Probenkrächen und Krisen. Das war auch meistens übertrieben, einmal hat eine Berliner Zeitung über so eine Situation bei *Hamlet* am Schiller-Theater die Titelzeile gebracht: »Kortner hängt wie ein Gewitter über Berlin.« Dabei war es, wie er uns später auf unseren *Kabale*-Proben berichtete, nur um eine nicht erwähnenswerte und schon vorübergegangene Probenspannung gegangen.
Der »Spiegel« hat ihn seinerzeit den »dräuenden Österreicher«

genannt, in einem Bericht über den Skandal um Kortners Fernsehfassung des antiken Stoffs *Lysistrata*. Damals erklärte der Chef des Bayerischen Fernsehens, man könne den Zuschauern diese Sendung aus moralischen Gründen nicht zumuten. Dass jemand, der solche Gewitter auslösen kann, eine umwerfende Persönlichkeit ist, verlangt nicht nach einer Erklärung.
Ich habe später bedauert, einige Jahre nach *Kabale und Liebe* ein Angebot Kortners nicht angenommen zu haben. Damals hatte ich abgelehnt, mit plausibler Begründung – ich verließ gerade das Burgtheater und ging von Wien nach Zürich, dem neuen Direktor folgend, dem anderen Großen, den man ebenso verehren und gern haben konnte: Leopold Lindtberg. Davon habe ich ja schon erzählt.

Fazit: Fritz Kortner war für mich eine Ehre, eine Herausforderung, die Rückkehr auf die Schauspielschule nach vielen Jahren am Burgtheater.

Amerika!

Ja, ich weiß, Amerika ist Nord und Süd und Mittel, aber ich denke hier vor allem an Nordamerika, an die USA.
Aber das ist natürlich nur ein Teil dessen, was ich in diesem Land, mit diesem Land erlebt habe. Da kommt mir eine Erinnerung nach der anderen in den Sinn – es sind so viele geworden im Laufe der Jahrzehnte, und so ganz und gar verschiedenartige! Und jetzt lasse ich sie, wie sie mir gerade einfallen, aufmarschieren.
Ich habe letztens den Reiseteil der »Zeit« gelesen – ich lese ihn an sich nur selten, dafür ist Gerhard zuständig. Ich bin so oft auf Reisen, kann nicht auch noch privat und zum Vergnügen an ferne Erdteile und exotische Hotels denken. Aber heute war von einem ganz besonderen Hotel die Rede, in dem ich auch schon war, zumindest in der Lobby.
Ich hatte Gerhard nach New York begleitet. Er war für das Festival im umbrischen Todi, das er einige Jahre als *direttore artistico* leitete, zu einer großen Präsentation der Region Umbrien eingeladen, und ich kam mit ihm. Dass wir zu zweit unterwegs sind, ist eher selten, aber diesmal war es möglich.

Wir hatten zudem ein Wiedersehen mit Sascha geplant. Er lebte damals, nach Jahren in London, schon seit einiger Zeit in Los Angeles und studierte am American Film Institute Drehbuch und Regie. Dort lernte er seine spätere Frau Laura Goldberg kennen, die Kamera studierte.

Sascha verbrachte einige Tage mit uns, und als wir dann zurückflogen, blieb er noch einige Tage in New York. In eben diesem Hotel, das er sich ausdrücklich gewünscht hatte und dem in der »Zeit« gehuldigt, wirklich gehuldigt wurde – dem »Chelsea«.

Ich mag alles von Barbra Streisand, habe gekauft, was ich an Schallplatten und später CDs von Sinatra bekommen konnte, bewundere die Bilder von Edward Hopper, versäume keinen Film von Woody Allen – also, man könnte nicht sagen, dass ich mit Kunst aus den USA Probleme hätte. Aber in Sachen Popmusik bin ich nicht gerade eine Expertin.

Sascha hingegen weiß alles, nicht nur rund um das amerikanische Kino, auch alles zum Thema Popmusik, und so musste es eben das »Chelsea« sein. Hier in Manhattan, in der 23. Straße, steht dieses legendäre Künstlerhotel. Zu seinen Gästen zählten John Lennon, Madonna, Sid Vicious von den Sex Pistols, Andy Warhol drehte hier *Chelsea Girls*. Wissen, das ich von Sascha beziehe. Ich horche eher bei den Namen anderer Gäste auf: Vor allem Stanley Kubrick, Arthur Miller, Ethan Hawke sind mir natürlich ein Begriff.

Warum ich so breit von diesem Hotel berichte: Mich hat damals der Abschied von meinem Sohn, im Sommer 1995, sehr berührt. Er war natürlich längst erwachsen, Herr seiner Entschlüsse, ich hatte da kein Recht mehr, die USA wurden ihm nach und nach zur zweiten Heimat. In Zürich oder in Wien sah ich ihn damals kaum mehr, und dabei ist es ja auch geblieben. Ich wage nicht

zu sagen »leider geblieben«, auch wenn ich so oft große Sehnsucht nach Sascha habe, denn ohne Amerika keine Laura, kein Enkelchen Luca. Seit einigen Jahren bringt ihn der Beruf doch öfter wieder nach Europa, so ist er halb dort, halb hier.
Außerdem bin ich selbst schuld. Ich hatte mich seinerzeit um Au-pair-Mädchen aus den USA bemüht, damit mein Sohn nicht nur Schul-Englisch lernt, und so gab es eine Darcy und eine Christy. Aber der Plan ging nicht wirklich auf. Er sprach Zürich-Deutsch, »Züri-Tütsch«, oder Wien-Deutsch. Aber er hatte amerikanische Mädchen kennen gelernt, da muss ihm etwas geblieben sein …
Ein weiterer Versuch, seinen notleidenden Englischkenntnissen aufzuhelfen, war die Abmachung mit einer Garderobiere am Schauspielhaus Zürich, einer geborenen Australierin, jeden Samstagnachmittag für eine Stunde zu uns zu kommen. Sascha nahm immer einen großen Wecker in die Englischstunde mit, stellte ihn vor sich auf, hörte ein Stunde lang der nach und nach verzweifelnden Frau zu und sagte nichts. Er sagte einfach nichts, gar nichts, er gab auch keine Antworten. War die Stunde überstanden, dann nahm er seinen Wecker und ging. Und die arme Englischlehrerin ging auch. Für immer.
Aber eines Tages kam die Wende. Als Saschas Vater starb, machte ich mir fürchterliche Sorgen wegen des Buben. Wie geht ein Kind von knapp zehn Jahren mit solch einem Elementarereignis um, das auch Erwachsene mit Lebenserfahrung kaum zu verkraften imstande sind? Die vielen Vorstellungen und Proben, der Theateralltag, die Sorgen um das Geld, all das lenkte mich ab, brachte mich auf andere Gedanken.

Literarischer ZWISCHENRUF: »*Von André Breton stammt der Satz: ›Es gibt keine Lösung, weil es kein Problem gibt.‹*«

Ja, danke, sehr originell. Das mag sonst eventuell brauchbar sein, im Herbst 1978 hätte mir der gewiss gute Satz nicht geholfen. Probleme hat's gegeben.
Rolf hatte auf alle Fragen des Lebens eine Antwort gewusst, ich hatte mich vollständig auf ihn und seine Antworten verlassen. Nun suchte ich nach Antworten in mir selbst, ich wurde immerhin in diesem Jahr schon vierzig.
Aber Sascha? Ein Schulkind, dessen Papa plötzlich und unerwartet nicht mehr da ist?
Er hatte seine Kinderfrau Maria, Dida genannt, eine Wienerin. Kaum war schulfrei, schickte ich ihn in diesem Herbst nach Wien, zu ihrer Familie, oder ins Burgenland, in den Seewinkel nach Andau, zu ihrer Tochter und dem Schwiegersohn.
Diese Zweitfamilie liebte ihn sehr, und er entkam Zürich und dem damaligen Dunkel des Hauses in der Frankengasse.

Ich hatte viele Proben, viele Vorstellungen, war zwar für Stunden abgelenkt, aber doch ständig verzweifelt. Abend für Abend rief mich Will Tremper an. Als ich nicht aufhörte, mich zu beklagen, gab er mir einen klassischen Rat – Tapetenwechsel. »Du denkst doch so oft an Hollywood, flieg hin!«
Ich flog tatsächlich. Ein Reisebüro hatte alles organisiert, Filmproduzent Arthur Cohn – der sich mittlerweile eine Oscar-Sammlung anlegen kann – gab mir Tipps. Eine Freundin in Zürich, Bibi Gessner, empfahl mir das Hotel Chateau Marmont, ein berühmtes Filmhotel, die Halle und die Bar voll von Fotos mit Charlie Chaplin, Marilyn Monroe, Clark Gable …

So tauschte ich die überschaubare Altstadt von Zürich gegen die Unfassbarkeit von San Francisco und Los Angeles, allerdings nur für einige Tage. Zum Teil war das für mich die klassische, in den Jahren seither geradezu übliche *Sightseeing Tour*. Zum anderen Teil war es unüblich: Walter Reisch holte mich mit einem herrlichen alten Cabriolet ab, erzählte mir von der Zeit, als er für meine Mutter Drehbücher wie das zu ihrem ersten Film *Maskerade* schrieb, mit ihr *Episode* inszenierte, Mitte der Dreißigerjahre. Frances Schönberger hatte den Kontakt hergestellt, eine in Hollywood lebende und arbeitende Deutsche, die mir zur Freundin geworden ist.

Die Dunkelheit dieser Monate hatte sich tatsächlich ein bisschen erhellt, vorübergehend. Denn bald war ich wieder daheim, im Theateralltag von Zürich. Saschas Ferien gingen zu Ende, er kam zurück aus Wien. Die Traurigkeit verließ uns nicht.

Da gaben mir abermals gute Freunde einen Rat. Ich möge doch wieder auf eine große Reise gehen, aber dieses Mal mit Sascha. Mit Sascha nach Kalifornien. Disneyland, der Pazifik, das ganz andere Leben in neuer Umgebung! Am 19. Juli 1979, am elften Geburtstag meines Sohnes, zogen wir zu zweit erneut los.

So gab es schon nach wenigen Monaten ein Wiedersehen mit Walter Reisch und ein Treffen mit einer Filmlegende aus Wien, dem von Oscar-Statuen umringten Billy Wilder. Sascha erinnert sich bis heute an Billy Wilders Gesang: »Heut' geht's der Dolly gut, sie geht nach Hollywood ...«

Dort ist er nun auch selbst, in Hollywood, diese Reise wird ihren Teil dazu beigetragen haben. Mit Englisch hatten Sascha und seine Lehrer ab dieser Kalifornientour jedenfalls keinen Kummer mehr. Eines Morgens bat ich Sascha, uns bei der Rezeption das Frühstück zu bestellen. Er ging tatsächlich los, hat bestellt, es hat

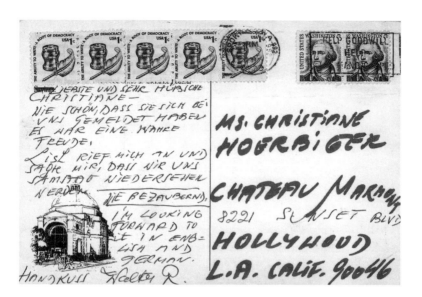

35 Walter Reisch schreibt mir nach Hollywood! ...

36 ... Für Willi Forst hat er das Drehbuch zu »Maskerade« verfasst, in dem meine Mutter Paula Wessely als Partnerin von Adolf Wohlbrück 1934 ihre erste Filmrolle hatte.

funktioniert, und er hat nie wieder aufgehört, englisch zu sprechen, bis heute.

Amerika ... Alle paar Monate kommt es zu uns auf Besuch, manchmal Sascha alleine, er arbeitet für einige TV-Produktionsfirmen, schreibt Drehbücher, führt Regie. In glücklichen Fällen bringt er seine Familie mit, Ehefrau Laura und Sohn Luca, und Gerhard nennt, was dann passiert: »Es haut der Nonna die Sicherung durch.« Die Nonna bin jetzt ich, bis vor wenigen Jahren war das meine Mutter.

Viele andere Eindrücke sind seit jener allerersten Reise nach Los Angeles dazu gekommen. Als ich mit Gerhard zum ersten Mal in New York am Südende des Central Park gestanden bin, hat er, ausnahmsweise und der Pointe zuliebe, in breitem Wienerisch, nach Minuten des Schweigens beim Anblick der endlosen Fifth Avenue, gemeint: »So, jetzt sama schmähstad.« In die Sprache Goethes übersetzt heißt das: »Nun sind wir still, da bleibt nur Schweigen.« Inzwischen sind wir immer wieder in diese selbst für Amerikaner unbegreifbare Stadt gekommen, die ich zuvor aus Filmen, aus Büchern gekannt hatte, wie viele Erstbesucher. Der frühe Film mit Luis Trenker, der 1934 in seinem *Verlorenen Sohn* noch ein ganz anderes New York gezeigt hat, jenes der Dreißigerjahre des 20. Jahrhunderts, war ein erster Eindruck.

Und dann war es natürlich *Manhattan* von Woody Allen, der Film hat nicht nur mein New-York-Bild geprägt. Wir haben im Central Park, im Museum of Modern Art, auf Schritt und Tritt bei jenem Erstbesuch von *Manhattan* gesprochen – »Da, schau, da war doch die Szene, wo Diane Keaton –«.

Weihnachten in New York! Es war unglaublich kalt. Ich hatte eine Pelzmütze, deren Seitenteile man herunterklappen und vor dem Kinn schließen konnte, vom Gesicht war nichts mehr zu sehen. Die hat mich gerettet, mir ist ohnehin so schnell kalt.

In dieser Dezemberkälte hatte sich eine Frau, sie war nicht mehr jung, *afro-american*, ein Lager zwischen den Stützpfeilern einer Kirche eingerichtet, an der Fifth Avenue. Sie bettelte nicht, sie hat den ganzen Tag lang musiziert, ein Saxophon gespielt, in der Eiseskälte! Ich habe den Ton ihrer Musik noch heute im Ohr. Ein Blasinstrument bei zehn Grad minus, schon technisch ein Problem, aber sie konnte es, und es hat auch noch schön geklungen.

Daneben die überreichen Auslagen der Kaufhäuser, alle dekoriert, Weihnachten eben. Bei Saks waren alle Schaufenster auf »Russische Weihnachten« eingestellt, das riesengroße Spielzeuggeschäft FAO Schwarz hatte Illustrationen aus Kinderbüchern in bewegliche Bühnenbilder verwandelt. Gerhard war gerade von diesen Auslagen nicht wegzubringen, er sammelt Kinderbücher und hat manches wiedererkannt.

Der Heilige Abend im Hotel, bis dahin konnte ich mir das nicht vorstellen. Weihnachten, das war immer Grinzing, ein großer Christbaum, die Wärme, die von meinen Eltern, vor allem vom Weihnachtsweltmeister Attila Hörbiger, ausging. Später hatten wir in Zürich, inmitten der schneebedeckten Altstadtdächer, mit dem Blick auf die Türme des Großmünsters, eine ähnliche Atmosphäre, hatten manches von den Weihnachtsabenden in Wien, in der Himmelstraße, gelernt. Und jetzt waren es nicht die Glocken von St. Stephan in Wien, nicht die des Großmünsters, die zur Mette gerufen haben, jetzt war es St. Patrick.

Und auch das ist Manhattan, auch das ist die Fifth Avenue: Die Polizei musste die Straße absperren! Die Menschenmenge, die den Dom von New York besuchte an diesem Abend, hat ihn mehr als gefüllt – die Kirchentore blieben offen, auf der breiten Straße gab es nur noch Fußgänger, Kirchenbesucher, Weihnachtsmenschen.

Der nächste Tag brachte uns nach Harlem, zum Weihnachtsgottesdienst, wie ihn heute alle Welt kennt, wie er in Stadthallen und Kirchen quer durch Europa nachvollzogen wird, denn diese Chöre bereisen seit Jahren Stadt und Land. Wir vier, Laura, Sascha, Gerhard, ich, mit unserer so unterschiedlichen Herkunft – die USA, die Schweiz, Österreich –, waren vom Original dieses musikalisch-geistlichen Ereignisses gleichermaßen tief beeindruckt. Und als der Priester auch die Gäste, das waren außer uns nur noch zwei nicht zu dieser Gemeinde gehörende Afro-Amerikaner, zum Mitmachen aufrief, haben wir wie alle mitgesungen und im Rhythmus mitgeklatscht, haben den Christtag auf andere Weise gefeiert als in allen Jahren zuvor, ohne Rosegger, Karl Heinrich Waggerl, ohne Schnee, aber natürlich mit dem Weihnachtsevangelium und auch mit dem die Welt vereinenden Lied »Silent night, holy night«.

Ganz andere Erinnerungen hat eine Tagesreise durch New York gebracht, eine richtige Reise, durch Dörfer und ans Meer, nach Russland und zu Mickymaus, George Washington, den orthodoxen Lubawitscher Juden und über die Brooklyn Bridge. Irgendjemand hatte Gerhard den Tipp gegeben, einen gewissen Herrn Pichler anzurufen, er kenne New York wie kaum jemand sonst. Also haben wir telefoniert, und das war der Beginn eines Abenteuers.

Herr Pichler holte uns vom Hotel ab, mit einem kleinen Bus, und fuhr mit uns über die Fifth Avenue und den Broadway durch mir schon vertrautes Gelände, aber dann war jäh mit der Vertrautheit Schluss. Die Vielfalt, die wir an diesem Tag erlebten, war der größte Eindruck. Unser Reiseleiter, gebürtiger Steirer, lebte aber seit Jahrzehnten in New York, kannte viele emigrierte Österreicher, hatte sich aus Freude mit der Geschichte und Gegenwart der fünf Stadtteile beschäftigt und gab sein enormes Wissen aufs Fröhlichste weiter.

Er besuchte mit uns Little Odessa, im russischen Restaurant aßen wir mit ihm, im Fernsehapparat gab es ein russisches Programm. Wir fuhren mit ihm durch lange Straßen, mit ebenerdigen Häusern, wie man sie in New York nicht vermutet, wenn man nur Manhattan kennt. Als wir zurückkehrten zu unserem Hotel und über die Brooklyn Bridge wieder auf die zahllosen Wolkenkratzer, auf die Twin Towers des damals noch bestehenden World Trade Centers zufuhren, sang Herr Pichler mit uns die amerikanische Hymne, nachdem er den Text verteilt hatte.

Ein anderer Steirer hat an der anderen Seite Nordamerikas Furore gemacht, an der Westküste. Dort ist er nun der Gouverneur des Landes, in dem mein Sascha mit seiner Familie lebt, in Kalifornien.

Arnold Schwarzenegger war noch nicht so weit, als ich ein Hollywood-Erlebnis von ganz besonderer Art hatte – die Zitterpartie um den Oscar!

Der Film *Schtonk!* kam auf mich zu, als ich noch am Zürcher Schauspielhaus engagiert war, unerwartet. Das war so: Ich hatte in Wien zu tun gehabt, nun spielte ich wieder in Zürich. Xaver Schwarzenberger zeigte seinen Film *Donauwalzer* im eleganten Wiener Metro-Kino, ich kam aus diesem Anlass nach Wien, auf seine Einladung. Er hat ihn 1984 nach einem Drehbuch seiner

Frau Ulli gedreht, mit mir in der zentralen Rolle und lauter ersten Schauspielern – Jane Tilden, Hans Michael Rehberg, Hugo Gottschlich ...
An diesem Abend im Metro-Kino war auch Helmut Dietl anwesend, den mit Xaver viele erfolgreiche Film- und Fernsehtaten verbinden. Er hatte ein Projekt im Kopf, das auf einer wahren Begebenheit basierte – auf der Fälschung und Veröffentlichung der Hitler-Tagebücher. Und er suchte in diesen Wochen die Besetzung der vielen Rollen.
Wenige Tage später brachte mir die Post das Drehbuch nach Zürich. Ich sollte Hermann Görings Nichte spielen.

37 »Schtonk!«, 1992, mit Götz George

Zuerst war ich erschrocken. Die Rolle verdanke ich der Sippenhaft, das war mein erster Gedanke. Meiner Mutter wurde zu dieser Zeit erneut der Film *Heimkehr* vorgeworfen. Dann traf ich mich mit Helmut Dietl und Xaver Schwarzenberger, und dieses

Gespräch belehrte mich eines Besseren. Die wenigen Einwände gegen meine Rolle, gegen die eine oder andere Stelle im Drehbuch, wurden akzeptiert. Also sagte ich Ja und konnte daher einen ganz großen Erfolg mitgestalten, inmitten einer glänzenden Schauspielerschar – Harald Juhnke, Götz George, Uwe Ochsenknecht, Martin Benrath, Veronica Ferres, Thomas Holtzmann, Dagmar Manzel, Rolf Hoppe, Ulrich Mühe.
Und dieser Erfolg brachte mich wieder in die USA. *Schtonk!* hatte es durch alle Instanzen bis zur Endrunde um den besten ausländischen Film im alljährlichen Oscar-Wettbewerb geschafft. Nun saßen wir, Helmut Dietl, Veronica Ferres, Uwe Ochsenknecht, der originelle Kostümbildner Bernd Stockinger und ich, inmitten all der Weltstars und hofften.
Vor der Zeremonie wurden wir fotografiert. Und es zeigte sich, dass man eben auch dann seine Öffentlichkeitsarbeit genau planen und kontrollieren muss, wenn man meint, alles sei in denkbar besten Händen. Wir standen unter einer riesigen Oscar-Statue, aber leider auf der falschen Seite. Und so grüßte von oben, unsere fünf Köpfe bedrohend, ein gewaltiger goldener Hintern, Orakel für den weiteren Verlauf des Abends. Abgesehen davon war das aber eine große Stunde, auch wenn beim Oscar das olympische Motto nicht hilft: Nicht nur dabei sein, nein, siegen ist wichtig. In Zürich saß Gerhard vor dem Fernsehapparat und hielt beide Daumen. Das half uns leider auch nicht, der Preis ging an einen anderen Film.
Aber immerhin, man hat diese Riesenshow einmal aus der Nähe mitgemacht, hat Los Angeles, die USA, einmal unter ganz anderen Umständen erlebt. Denn schon bei der Einreise war alles anders – die ging dieses Mal sehr schnell vonstatten. Einer rief dem anderen zu: »She is nominated!«, und schon war ich durch

die Sperren gekommen. Stundenlang vor Beginn der in die ganze Welt übertragenen Kuvertöffnung wurde man abgeholt, durch die sich drängenden Neugierigen an den Ort des Geschehens in prächtigem Nobelautomobil gebracht – das war alles sehr eindrucksvoll und gehört zu meinen intensivsten Erinnerungen. Und es passte gut zu meinem Kindheitstraum, der Filmtraumkarriere, für die mir mein Vater damals das Pseudonym »Linda Green« erfunden hatte: »Linda« war von mir, »Green« kam von Papa, weil ich so blass war, wenn auch nicht wirklich grün.

In unserem Haus in Grinzing begann mein Traum. Die Holzsäulen des Hofes dienten mir als Partner, zuerst als solche aus der Opernwelt. Ich gab ihnen Namen, eine wurde Herbert von Karajan, die zweite Mario del Monaco, die weitere Besetzung meiner kurzen Opernkarriere als Kind ist mir nicht mehr in Erinnerung. Bald wechselte ich zum Film. Ich spielte mit diesen Säulen in unserem Hof, in dem man sich so wunderbar beschützt vorkam, meine erfundenen Dialoge durch. Und mich selbst sah ich in einer Zukunft mit wallendem Haar auf der Kühlerhaube eines weißen Cadillac. Zwei Oscars nahm ich hier in Empfang, hielt Dankesreden, wie auch meine Schwestern Maresa und Elisabeth. Sie hatten Clark Gable und Humphrey Bogart, und Elisabeth sogar den Heiligen Vater in diesem Hof in Dialoge verwickelt. Eine Erinnerung gehört noch in diese denkwürdige Oscar-Nacht: Ich war dabei, als der große Federico Fellini seinen sechsten Oscar bekommen hat, den für sein Lebenswerk. Und hörte, wie er seiner Frau Giulietta Masina, der herrlichen Gelsomina in seinem Film *La Strada*, zurief: »Und jetzt hör auf zu weinen!« Ich hatte die beiden schon Jahre zuvor kennen gelernt, in Zürich, durch den Verleger Daniel Keel.

Dieser ersten Begegnung mit Hollywoods Glanz und Gloria war ja immerhin schon der Besuch in den Filmstudios vorausgegangen, bei meiner ersten Reise nach Amerika.
Meine nächste Begegnung mit Hollywood kann man sich nicht kaufen, die hat mir ein gütiges Schicksal geschenkt: Ich habe in Hollywood gedreht.
Meine Agentin vermittelte mir ein Angebot: Ich sollte eine mordende Köchin spielen, auf Englisch. Das war nun nicht gerade *Ben Hur* oder *Vom Winde verweht*, aber immerhin, es war Hollywood. Der Film hieß *For Parents Only* – ich kenne niemanden, der ihn gesehen hat.
»What is America to me?« Das war einmal ein Song von Frank Sinatra.
Wenn man mir heute eine schnelle Reaktion auf »USA?« abfordern wollte – in Interviews wird so etwas gerne verlangt –, dann fällt mir natürlich »Saschalauraluca!« ein.
Dass der Begriff »Hollywood« eines Tages eine so ganz und gar andere, weit wichtigere Bedeutung als ursprünglich für mich bekommen würde, das konnte ich damals noch nicht ahnen.
Sascha lebt mit seiner Familie in Hollywood, in einem einfachen Haus mit kleiner Terrasse und größerem Garten, sehr persönlich eingerichtet, es gefällt mir ganz ungemein. Hier hat einmal der Star José Ferrer gewohnt, man sieht ihn noch hin und wieder im Fernsehen, er ist vor allem als Darsteller der Hauptrolle in dem Film *Moulin Rouge* über den Maler Toulouse-Lautrec aus den Fünfzigerjahren in Erinnerung. Zu seiner Zeit haben die Stars noch so einfach gewohnt, manche zumindest, in dieser Gegend. Jetzt sind sie in weiter entfernte prunkvolle Anwesen gezogen.
Während ich diese Sätze schreibe, freue ich mich schon auf den nächsten Besuch.

38 Ein Blick vom Wohnzimmer im Haus
von Sascha und seiner Familie in den Garten,
Los Angeles

Wenn nur diese endlosen Flüge nicht wären! Von Haus zu Haus benötigt man dafür achtzehn bis neunzehn Stunden, und da hat man noch Glück. Wir waren auch schon einmal siebenundzwanzig Stunden lang unterwegs, von Wien-Schwechat über Frankfurt nach Vancouver und dann erst nach Los Angeles. Der Winter hatte uns einen Streich gespielt. Diese Erinnerung hebe ich mir auf für das nächste Kapitel übers Reisen.
Vielleicht können Sascha und Laura sich einmal für Österreich entscheiden. Bei aller Liebe zu Amerika ...

Fazit: Amerika war Hollywood, Geheimnis, Neugier – und ist nun Luca, Laura, Sascha.

Reisen

*I*mmanuel Kant ist angeblich niemals auf eine Reise gegangen, er hat sein Leben im heimatlichen Königsberg verbracht. Heute kann ich ihn verstehen.
Es gab eine Zeit, da bin ich gerne unterwegs gewesen, mit Rolf in Afrika zum Beispiel. Nicht aus beruflichen Gründen – es war eine Reise aus Neugier, ein Freund, Felix Mandl, hatte uns eingeladen. Er besaß eine Betonfabrik in Kenia, und aus dem durch den Abbau des Gesteins entstehenden Land gestaltete er einen Naturpark, um nicht Ödland daraus werden zu lassen.
Viele Jahre vorher, 1955 – die Aufregung, zum ersten Mal zu fliegen. Der Flug brachte mich von Frankfurt am Main nach Wien, das war in den Wochen, als der von meiner Mutter produzierte Film *Die Wirtin zur Goldenen Krone* in den verschiedenen Städten seine Premiere hatte. Damals hat man sich ja noch bei Filmpremieren in größeren Städten verbeugt.
Zu reisen heißt auch, Sprachen zu üben oder sie zumindest kennen zu lernen. Mit meinen ersten Filmgagen machte ich mich auf nach England, bestärkt von meinen Eltern. Dass Fremdspra-

39 »Die Wirtin zur Goldenen Krone«, 1955:
Im Film zusammen mit meiner Mutter sowie Fritz
Schulz und Albrecht Rueprecht

chen wichtig seien, besonders in unserem Beruf, war damals eine eher moderne Ansicht. Elisabeth hat ein Jahr in den USA verbracht, und Maresa hat in London studiert, bevor auch sie zum Theater gegangen ist.

Ich habe mich damals am L.T.C. Ladies' College of English, Compton Park, Eastbourne, angemeldet. Das war klug, denn als ich Jahre später, mit knapp fünfundzwanzig, in Zürich die Berlitz School besuchte, um das ersehnte Französisch zu erwerben, war es zu spät. Ich war schon so voll von Theatertexten, musste laufend neue lernen, und jeden Tag Probe oder Vorstellung oder beides ... Ich gab auf. Dabei hatte ich mir immer schon gewünscht, Französisch sprechen zu können, aber bei dem Wunsch ist es bis heute geblieben.

Mit den Eltern waren Maresa und ich einmal auf Urlaub in Südfrankreich, auch mit Wolfgang Glück war ich dort, später. Damals, sehr jung, war ich noch immer sicher, diese Sprache einmal zu erlernen.

40 Mit Maresa auf Urlaub
an der Côte d'Azur

In der Schweiz wäre ich ja auch rein geografisch nahe dran gewesen, aber auch das half nicht. Gerhard und ich haben es zu einem einzigen Reisetag über die französische Grenze gebracht, obwohl die Fahrt Zürich–Basel und dann gleich Frankreich ja nur eine Stunde in der Bahn verlangt. Mit Sascha waren wir einmal in Colmar im Elsass, zu Abend gegessen haben wir schon wieder in Zürich. Am nächsten Morgen hatte ich ja Probe im Schauspielhaus.
Eineinhalb Tage Paris, mit Gerhard 1993, waren der Arbeit gewidmet. Für ein TV-Porträt, eine ORF-Produktion, habe ich

dort gedreht, in einer wunderschönen Art-déco-Bar, mit Daniel Gélin. Ich durfte mir für den Schluss dieser Sendung etwas wünschen und entschied mich für ein Wiedersehen mit dem weltberühmten Schauspieler, einige Jahre nach dem letzten Drehtag der *Guldenburgs*. Da hatte Gélin einen Dirigenten gespielt, und da er am Set nur französisch sprach, erinnerte ich mich des langgehegten Wunsches nach dieser Sprache. Für die wenigen Stunden der TV-Arbeit in Paris habe ich mit Gerhard immerhin einen Text in Französisch gelernt, den des Chansons von Charles Trenet »Que reste t'il des nos amours …«. Ich muss ihn, hat man mir damals gesagt, glaubhaft über die Lippen gebracht haben. Aber damit war leider Schluss in Sachen Französisch.

41 »Das Erbe der Guldenburgs«:
Mit Daniel Daniel Gélin

Unsere Reisen in die USA, heutzutage, mögen zwar manchmal mühevoll sein, aber sie lohnen sich alleine schon durch die Vorfreude auf das Wiedersehen mit Sascha und seiner Familie. So kenne ich nunmehr zwar Los Angeles recht gut, aber ich war noch nie in Chicago, zum Beispiel. Ich bin bei meinen Sascha-Besuchen so zeitgeizig, dass ich nicht einmal zu einem Halbtagsausflug in die nahe Umgebung zu haben bin. Gerhard hat längst das älteste Haus von L.A., den berühmten Art-déco-Bahnhof, das Wells-Fargo-Museum besucht. Ich hingegen spaziere in diesen Stunden Hand in Hand mit meinem Enkel Luca oder gehe mit seinen Eltern »shoppen«.

Dabei bin ich sonst auch eher eine Kundschaft für Museen, aber nicht in Los Angeles. Mit Gerhard zu reisen bedeutet ja ohnehin in jedem Fall, Sehenswürdigkeiten aller Arten, jedes nur erreichbare Museum zu besuchen, auch wenn es eher merkwürdige oder sehr seltene Sammelgebiete betrifft – das Begräbnisstättenmuseum in Wien, das Korkmuseum in Aschaffenburg, die Papiertheater in Hanau, die Sitzgelegenheiten im Museum von Uelzen ebenso wie den Hundertwasser-Bahnhof im selben Ort. Er geht manchmal in einer ihm vertrauten Stadt in ein ihm durchaus bekanntes Museum zum zehnten, zwanzigsten Mal, läuft durch die Säle, bleibt vor einem einzelnen Exponat für eine Viertelstunde stehen und geht wieder. Das mag in München der *Singende Mann* von Ernst Barlach sein, in Paris oder Zürich die *Porte à l'enfer* von Auguste Rodin, in Venedig ein Bild von Hieronymus Bosch.

Alle diese Städte besucht er seit vielen Jahren, fast immer aus beruflichen Gründen, und überall hat er seine Lieblinge, seit kurzem schwärmt er mir vom Museum für Naturkunde in Berlin vor. Dort hat er sich in ein Dinosaurierskelett verliebt. So etwas widerfährt mir nur selten.

Zu meinem Glück war er noch nicht hinter diesem – ich habe nachgelesen – Brachiosaurus her, als ich zuletzt in Berlin gedreht

habe, im Frühjahr 2007. Sonst hätte ich ihn noch seltener gesehen, ich hatte ja ohnehin kaum drehfreie Tage.
Manche unserer Freunde melden sich an für solche »Gerhard-Reisen« mit ihrem Wechsel von Landschaft, Schloss, Gasthof, Burg, Museum, Weinkeller, Dom, Landschaft, Klosterkeller und so weiter.
Er lässt nichts aus.

Eine besondere Art der Reise, in meinem Beruf, ist die Tournee. Zuerst wird geprobt, da kann man mit Glück noch zuhause wohnen. Dann kommt die Premiere, danach folgt der Reisealltag. Es gibt Kollegen, die das mögen.
Wenn ich früher auch ganz gern auf Tournee gewesen bin, kann ich mich heute nicht mehr genau daran erinnern, zu sehr vermischen sich die Eindrücke und Gedanken an die früheren und die späteren Gastspielreisen. Wenn man sehr jung ist, macht einem all das ja weniger aus, und man verdient auch unter Umständen besser als im Berufsalltag eines Stadttheaters. Doch wenn man schließlich zum vierten, fünften Mal auf Tournee geht, oder wenn – Gott behüte – im Ensemble auch nur eine einzige menschliche Schwachstelle ist, dann vergeht dem Künstler die Reiselust. Ich hatte einmal einen Kollegen dabei, der unseren Busfahrer dauernd belehrte. Dann schlief er laut schnarchend während der Fahrt ein (der Kollege, nicht der Busfahrer). Da war dann für alle anderen keine Chance auf Schlaf. War er wieder wach, setzte er sich erneut zum Fahrer und erklärte Verkehrsregeln, kommentierte Haltesignale und wies ihn auf die richtige Spur. Unser Chauffeur hatte ein bewundernswertes Nervenpotential, es kam nicht einmal zu einem Widerwort, geschweige denn zu ernsthaftem Protest.

Dieser fast tägliche Hotelwechsel, einpacken, auspacken, alles ging mir bei meiner letzten Tournee maßlos auf die Nerven. Der Kampf gegen die Erkenntnisse der Designer, die die Lichtschalter verstecken, die Badewannen, Wasserhähne, Klospülungen neu gestalten! Bis man endlich alles begriffen hat, beginnt schon wieder der Kampf im nächsten Hotel.

Gerhard war nicht so oft auf Tournee wie ich, ihm hat das, sagt er, Spaß gemacht. Zweimal waren wir gemeinsam unterwegs. Einmal, 2006, auf einer kurzen Lesereise, und Mitte der Neunzigerjahre mit *Olympia* von Franz Molnár, in seiner eigenen Inszenierung.

Die fabelhafte Direktorin der Komödie im Bayerischen Hof in München, Margit Bönisch, hatte mit ihrem Team diese *Olympia*-Reise so gut vorbereitet, dass sie nicht zur Qual wurde. Auch

42 Hermann Bahr, »Die Kinder«, 1964, mit (v.l.)
Michael Janisch, Hans Thimig, Wolf Albach-Retty,
Attila Hörbiger und Ernst Anders

43 »Die Kinder« auf Tournee: Im Bus mit
meinem Vater und meinem damaligen Ehemann
Wolfgang Glück

eine ganz frühe Tournee habe ich in angenehmer Erinnerung, da spielte mein Vater meinen Vater in *Die Kinder*, einer Komödie von Hermann Bahr. Wenn ich, hin und wieder, auf eine Reise ohne jeden beruflichen Anlass gehe, sind immer andere Menschen der Grund. 1990 wünschte sich meine Mutter, Prag wiederzusehen. Wir mieteten also einen größeren Wagen und sind auf nach Prag! Die Hauptstadt von Böhmen verband Mama gleich mit mehreren intensiven Erinnerungen: ein frühes wichtiges Engagement, der Kontakt mit der theaterbegeisterten Familie Dittrich, bei der sie wohnte, und natürlich – die erste Begegnung mit ihrem späteren Ehemann. *Die neuen Herren* hieß das französische Stück, in dem sie zum ersten Mal gemeinsam auf der Bühne standen, Premiere war am 12. September 1926. Und jetzt, im Herbst 1990, ein Jahr nach dem Mauerfall, waren die Reiseeindrücke zahlreich

und dicht. Prag ohne Kommunismus, das fanden wir alle überwältigend und stimmte uns froh. Die Atmosphäre war ganz und gar verwandelt!
Einige Wochen nach der Reise berichtete Mama für eine Tageszeitung von Prag:
»Ich habe die Stadt wiedergesehen, oder sagen wir lieber, ich habe sie kennen gelernt. Denn seinerzeit hatte ich ja kaum Zeit dazu, ich bin fast jeden Abend auf der Bühne gestanden, was konnte ich mir denn schon anschauen. Und dann, bedenken Sie, ich war neunzehn Jahre alt.«

Franz Fink, Salzburger Festspielarzt, einst Freund und medizinischer Begleiter von Rolf, wünscht sich eine Fahrt ins Waldviertel, im Norden von Niederösterreich. Also auf ins Waldviertel! Gottfried und Guni Kumpf, der Maler und seine Managermuse, sind erprobte, höchst vergnügliche Reisegefährten, aber diese Beispiele sind Ausnahmen.
»Wem Gott will rechte Gunst erweisen, den schickt er in die weite Welt ...«, »Schön ist es auch anderswo, hier bin ich ja sowieso ...« Dichter sehen das Reisethema anders, als ich und Immanuel Kant es begreifen.
Budapest, wo mein Vater zur Welt kam, habe ich dank der Fernsehshow von und mit Béla Erny kennen gelernt. Das war sehr beeindruckend, zudem kennt Gerhard die ungarische Hauptstadt sehr gut. Wir haben uns vieles angesehen, aber auch hier hatte ich zu arbeiten.
Als ich Gerhard nach Madrid begleitete, riss mich ein dringender Anruf von Helmut Ringelmann aus der Idylle Spanien: Ich flog nach München und drehte eine Folge *Kommissar*. Und um ehrlich zu sein, ich hab's genossen!

Ein anderes Mal besuchte ich Gerhard, weil er bei seinem Festival in Todi Premiere hatte. Ich erschien todmüde in Rom, wurde abgeholt, legte mich in Gerhards Wohnung schlafen, und wieder war es nach wenigen Stunden aus. Das Radio hatte gemeldet, es sei mit einem Streik der italienischen Fluglotsen zu rechnen. Also kam Gerhard in Eile aus seinem Büro zurück in die Wohnung, weckte mich, ich packte alles wieder ein, und es ging retour zum Flughafen.

Eine nette Reiseerinnerung ist auch jene an den März 2006. Wir machten uns auf den Weg nach Los Angeles. Die Maschine stand lange am Schwechater Flughafen. Wintereinbruch, das Enteisen bereitete Probleme. Dann war in München die Anschlussmaschine in der Luft, aber ohne uns. Wir kämpften um eine andere Möglichkeit, man sagte uns zwei Plätze auf Air India zu. Wir flehten weiter, um eine Lufthansamaschine, erfolgreich. Angekommen sind wir in Vancouver. Auf diese Weise sind wir immerhin einmal in Kanada gewesen. Nach einem halben Tag ging es weiter, wir waren, hurra!, in Los Angeles, aber unsere Koffer in Indien. Nach einer Woche kamen sie nach. Da waren wir schon wieder fast auf dem Weg zurück nach Wien.

Von Gefahren war ja noch gar nicht die Rede! Sie alleine wären ein Grund, eine Reise abzusagen. Ich denke da noch gar nicht an die Länder, in denen die armen Menschen Tag für Tag vom Bürgerkrieg, von Granaten gefährdet sind, mir genügen Gefahren in Gegenden, wo man sie nicht unbedingt erwartet.
Als wir für das *Erbe der Guldenburgs* einige Wochen lang in Brasilien gedreht haben, hat man uns schon beim Einchecken im Hotel gewarnt, wir mögen das Hotelgelände nicht verlassen, es

gebe immer wieder Überfälle. Auch ein hoher bayerischer Politiker sei hier schon zum Opfer geworden. Das Gut, auf dem wir dann gedreht haben, eine riesengroße Fazenda, wurde tatsächlich von einer kleinen Privatarmee, von Hunden und Alarmanlagen bewacht. Und in Neapel hat man uns die Uhren abgenommen, im Hotelsafe geborgen und eine Billig-Swatch an jeden Gast verschenkt.

44 Drehtage in Griechenland für
»Das andere Leben«, 1987

Ich wohne gerne bei mir zuhause, so einladend das eine oder andere Hotel auch sein mag. Und wenn manchmal eine Anfrage kommt, ob man nicht als Gast eine glänzende Veranstaltung besuchen möchte, ohne Honorar diesen oder jenen Anlass in einer Fernsehsendung mitmachen, man werde dafür auch ganz

45 Mit Gerhard nach einer Lesung in Perchtoldsdorf bei Wien, da war er eine Zeit lang Intendant der Sommerspiele.

besonders gut wohnen, im Schlosshotel X, im Strandhotel Y, dann denke ich an mein Biedermeierhaus in Baden, da gibt es keinen Strand und kein Schloss, aber um wie viel mir das lieber ist! Hoch Kant!

Fazit: Reisen nur, wenn ich muss. Außer zu Luca – da darf ich.

Zürich

Lange Jahre war die größte Stadt der Schweiz nicht nur im steuertechnischen Sinn mein Lebensmittelpunkt. Hier war das Theater des Leopold Lindtberg. Ihm und seinem Begriff von Theater zuliebe bin ich von Wien weggegangen. Aber das war wahrscheinlich nicht der einzige Grund. Mein Weg nach Zürich war sicher auch eine Flucht, in Wien waren einfach zu viele Hörbigers und auch noch alle am Theater. Meine Übersiedlung nach Zürich, den Wechsel an ein anderes Theater, die monatelangen Trennungen, all das hat meiner Ehe mit Wolfgang Glück nicht gutgetan, das hat sie nicht ausgehalten. Nach der Scheidung waren wir nicht unbedingt befreundet, aber die Jahre vergehen, und heute sind wir wieder richtige Freunde.
In Zürich lernte ich 1967 Rolf Bigler kennen, der dann mein zweiter Ehemann wurde, Saschas Vater.
Sascha ging in Zürich zur Schule, jahrzehntelang wohnte ich in der Altstadt, wanderte vom Haus in der Frankengasse tagtäglich ins nahe Schauspielhaus.
Die Menschen in meiner Umgebung, in den jahrhundertealten

Häusern mit ihren strengen Fassaden, waren mir liebenswerte Nachbarn. Ich kann mich nicht an Unfrieden erinnern.
Gerne denke ich an die lange Zeit in der Schweiz, jetzt bin ich selten dort. Rolf starb 1978, Sascha lebt in den USA, meine Film- und Fernsehrollen haben mir auch nicht mehr die Zeit für Premieren am Theater in Zürich gelassen.

46 Rolf und Sascha in Zürich

So komme ich als eine Art Tourist hierher. Ich gehe durch altvertraute Gassen und sehe sie neu. Manches ist mir früher nicht aufgefallen: Gedenktafeln an Häusern, die an Goethe, Tucholsky, Lenin, Erika Mann erinnern. Heute gehe ich und denke mit den Häusern, freue mich an Neuentdecktem.
Für eine Wiener Zeitung schrieb ich einmal eine Liebeserklärung an die Stadt, die mir für lange Zeit zweite Heimat war. (Man fin-

det diesen Text auch schon im Buch von Gerhard Tötschinger über mich, aber ich hoffe, dass mir das niemand übel nimmt.):

Hoch über den Köpfen der Altstadtspaziergänger sitzt Karl der Große. Groß und beängstigend eindrucksvoll wird seine steinerne Persönlichkeit, wenn man sich die Mühe macht und zu ihm aufblickt, auf den rechten Turm des Großmünsters. Seit Jahrhunderten sitzt er dort. Und in diesen Jahrhunderten hat der alte Dom immer wieder den Zeiten, Moden, Kämpfen gehorchen und sein Aussehen verändern müssen. In den Tagen, da ich meine Zürcher Gedanken niederschreibe, wird wieder einmal ein Gerüst abgebaut, und zum Vorschein kommt das alte Geländer der beiden romanischen Türme. Rund fünfzig Jahre lang war es verpönt, man hatte es ersetzt. Seine Ornamente hatten, wenngleich nur sehr entfernt, an das unselige Symbol im Nachbarland erinnert: an das Hakenkreuz.

Wenn zu Silvester die Österreicher im Radio, im Fernsehen oder auf dem Stephansplatz in Wien selbst dem mächtigen Dröhnen der Pummerin lauschen, der großen Glocke von Sankt Stephan, öffnen wir die Fenster, sehen auf Dach und Türme des Großmünsters und lauschen dem »Prosit Neujahr« dieser Cousine der Pummerin, außer wir sind selbst in Wien.

Dieser Zustand – hie Zürich, hie Wien – wird das ganze Jahr anhalten, nicht nur zur mitternächtlichen Neujahrsstunde uns an den jeweils anderen Wohnort erinnern. Zwei Reisepässe, zwei Heimatstädte, zweifach Ärger und Freude und Heimweh. Als ich im Vorjahr in *Das weite Land* von Arthur Schnitzler die Genia Hofreiter spielte, in Zürich, mit den Wienern Hans Hollmann als Regisseur, Helmut Lohner als Partner, da wurden Heimweh allgemein und Sehnsucht nach der Himmelstraße in Grinzing im besonderen so stark, dass ich mich einmal in das Flugzeug gesetzt habe und nach Wien geflogen bin, ohne anderen Grund. Aber das ist dann nur eine Rettung über wenige Tage, denn dort angekommen, dreht sich das Heimweh, wie ein Wetterhahn, in die Gegenrichtung.

Blau-Weiß ist das Wappen von Zürich. Der blaue Himmel wölbt sich über dem blauen See, und die Berge dahinter, in ebenfalls blauer Ferne also, zeigen ihre weißen Gipfel. Die ernsten hellgrauen Häuser werden unter der sehr südlichen, auf jeden Fall sehr westlichen Sonne mittelmeerweiß, und sogar die blauweiße Straßenbahn vermittelt heimatliches Wohlbefinden.

Trotz aller blau-weißen, weiß-blauen Wappenassoziation erinnert Zürich nicht an Bayern, nicht an München, wohl aber an andere Städte. Da gibt es ein bisschen Prag, sehr viel Paris, seltsamerweise ein wenig Venedig und immer wieder Hamburg. Gerade mit der stolzen Hansestadt im Norden wird, nicht nur von mir, Zürich immer wieder verglichen. Da sind die Freude am Handel und der Stolz auf das Geschaffene, die evangelische Tradition und die vornehme Zurückhaltung und eben immer wieder der See. Geht man in Zürich übers Bellevue und sieht, wie nahe hier der Zürichsee den Häuserreihen kommt, wie das mächtige Passagierschiff die Omnibuslinien ergänzt, sieht die Segelschiffe, die bezeugen, dass man hier nicht nur von Arbeit, sondern auch von Freizeit etwas versteht, dann wird man sehr an Hamburg denken können, ein Umstand, der bei meinen langen Fernsehwochen an der Alster das Heimweh schwinden lässt.

Eine Stadt an einem Fluss – schön; eine Stadt an einem See ist für eine Wienerin beinahe schon etwas Exotisches. Aber eine Stadt an einem Fluss und an einem See, da muss man zum Lob in die Literatur flüchten. Gottfried Keller, er hat übrigens den gleichen Geburtstag wie mein Sohn Sascha, den 19. Juli, und hat ganz in unserer Nähe gewohnt, Keller also schreibt im *Grünen Heinrich*: »Zu den schönsten vor allen in der Schweiz gehören diejenigen Städte, welche an einem See und an einem Flusse zugleich liegen, so dass sie wie ein weites Tor am Ende des Sees unmittelbar den Fluss aufnehmen, welcher mitten durch sie in das Land hinauszieht. So Zürich ...«

In den vielen Jahren, seit meiner ersten Ankunft, ist das Leben, ist der Alltag hier härter geworden, kälter, leider. Das Geld spielt eine noch größere Rolle als damals, die Stadt hat etwas von ihrem wärmenden Charme verloren. Dennoch, manches ist ja geblieben, man kann in Zürich Freunde finden, in Kneipen sitzen, Filme in der Originalsprache sehen, sehr gut essen, im Kunsthaus der Weltkunst begegnen, man hat es nicht weit bis zum Rhône-Tal in Frankreich, ins Tessin, nach Mailand, nach Bergamo.

Und immer noch tragen in unserem Quartier die alten Häuser ihre schönen, vor Jahrhunderten gegebenen Namen: Zum kleinen Karl, Zum großen Karl, Zum Sittich, unseres heißt »Zur Sonnenblume«.

Und nebenan, im Gasthaus »Zum Weissen Wind«, sieht man Max Frisch, die Kronenhalle ist Friedrich Dürrenmatts Hauptquartier, der »Pfauen« jenes von Elias Canetti. Leider ist Friedrich Hochwälder schon lange nicht mehr unter uns, glücklicherweise trifft man ab und zu seine Witwe Susi.

Mein Zürich – das sind schon auch elegante Geschäfte und die guten Antiquariate, das Jugendstilcafé Odeon und die fröhlichen Gesichter der Zürcher beim Sechseläutenfest, der Organist am Großmünster, dessen Sohn eine Weltkarriere gemacht hat, ohne den Bürgersinn des Vaters zu behexen, und eine Zeitung von Weltruf, die im Lokalteil Formulierungen gebraucht wie »Der Unhold konnte entkommen«, im Feuilleton so beruhigende Themen behandelt wie »Forschungsrosinen aus dem alten China«.

Seit meiner Kindheit habe ich das Gefühl, die Schweiz bestehe aus Bergen und Geborgenheit. Nach dem Krieg hat man mir diesen Eindruck zu geben vermocht, im Kinderheim von Beatenberg im Berner Oberland. Voll Dankbarkeit stelle ich fest, dass sich dieses glückliche Gefühl bis heute erhalten hat.

Natürlich ist in Zürich heute vieles ganz anders als 1967. Aus den Vorgärten sind Parkplätze geworden, alte Bürgerpalais wurden zu Parkhäusern, alles ist härter als einst, der Umgangston, der Alltag. Dennoch hat Zürich sich vieles bewahren können, das der Besucher für einen Tag vielleicht nicht entdecken kann. Aber wenn man Zürich wirklich kennt, kann man die Stadt immer noch sehr gern haben.

Fazit: Zürich ... der Weg ins Freie.

Angst

Wenn mir jemand gesteht, dass er Ängste hat – beruflich, nächtlich, übertrieben, welche Ängste auch immer –, dann sehe ich, dass ich mit meinen Ängsten nicht allein bin.
Natürlich hilft das Eingestehen von Ängsten nicht in Situationen, die man nicht beeinflussen kann, auf die nicht der Einzelne, kein Leserbrief, kein Psychiater, keine Bürgerinitiative einwirken können.
Wenn die Atombombe in den Arsenalen vieler Staaten steht, wie soll ich mir da gut zureden? Da bleibt nur hoffen oder beten oder fatalistisch warten. Meine Mutter hat in ihren letzten Jahren auf die Frage, was sie sich denn besonders wünsche, stets geantwortet: »Frieden«. Das denkt jeder vernünftige Mensch, wer würde sich einen dritten Weltkrieg wünschen? Aber was ist mit den vielen Unvernünftigen, die eventuell an die Macht kommen, da oder dort, in diesem oder jenem Land? Diese Art von Angst kann man nicht besiegen.
Als die Mama im Oktober 1984 die Premiere von *Der Diamant des Geisterkönigs* von Ferdinand Raimund näher kommen sah,

hat auch sie eine große Nervosität gepackt, trotz der langjährigen Erfahrung. Ihre Rolle, Die Hoffnung, wurde die letzte ihres Berufslebens, auf der Bühne des Burgtheaters. Der Regisseur Hans Hollmann hatte sich ihren Auftritt aus der Versenkung gewünscht, so stieg also die Hoffnung langsam auf, in blassgrünem Kleid. Und unter dem Kleid begannen ihre Beine zu zittern. Paula Wessely bekam Premierenangst. Sie wünschte sich eine leichte Stütze, man montierte ein zartes Geländer, das hat ihr geholfen.

Ich gehe einkaufen, hinter mir die Schlange der Wartenden, ich suche Kleingeld, beeile mich, das Gekaufte vom Förderband zu nehmen – Angst vor bösen Bemerkungen. Man könnte mich erkennen und sich mokieren, dass ich nicht flink genug sei.

Solche Alltagsängste sind harmlos. Jeder Mensch kennt die vielen Lebenssituationen, die uns buchstäblich zu Tode ängstigen können.

Ich denke, da ich mich bereit erklärt habe, von mir ganz und gar persönlich zu erzählen, will ich nicht nur von glanzvollen Premierenabenden schreiben, sondern auch von der Angst vor diesen Premieren, nicht nur von Ehrungen, sondern auch von der Furcht, sie nicht zu erleben, und nicht nur von Siegen, sondern auch von Niederlagen und der Angst vor Niederlagen.

Vorsprechen für eine Rolle! Das bleibt mir heutzutage erspart, aber wie viele Kollegen, die nicht in dieser glücklichen Lage wie ich sind, müssen sich dieser Prüfung für eine Fernsehrolle, für ein Theaterengagement immer wieder stellen. Überhaupt Prüfungen. Prüfungsängste, die kennt ja wirklich jeder von uns, die befallen schon ganz kleine Menschen in der Volksschule. Wenn ich an Saschas Aufregung rund um die Prüfungen in den Schulen in Zürich denke!

Ohne Angst geht es offensichtlich nicht. Kein kompliziertes Schutzsystem, nicht hohe Bildung, nicht großer Reichtum schützen uns vor Angst. Alle fürchten sich, wovor auch immer.

Wenn ein Mensch, der gerade genug verdient, um über die Runden zu kommen, sich um den nächsten Tag, seine Gesundheit, den Schulerfolg der Kinder oder Enkel, die Liebe des Lebenspartners Sorgen macht, wenn dieser also beim abendlichen Fernsehen sieht, die Schauspielerin X oder der Sänger Y werden aus Anlass der Premiere im Staatstheater gefeiert, mag er sich vielleicht denken: Jaja, so ist das Leben *on the sunny side of the street*, und ich bin verstoßen, verlassen, verraten, auf der anderen Seite zuhause.

Mich hat niemals die Angst ganz verlassen, ich könne mein Leben nicht finanzieren. Diese Sorge begann, nachdem Rolf gestorben war und ich mit meiner Theatergage alleine allen Aufwand für das kleine Haus, für Sascha, seine Schule, zu bestreiten hatte. Da habe ich also auch für nicht so hohe Gagen Lesungsangebote akzeptiert, bin zwischen Probe und Vorstellung zu einer Hörfunkproduktion gelaufen und habe tatsächlich damals jeden Franken umgedreht. Aber langsam, sehr langsam, hat sich das gebessert, auch mit Hilfe von Robi, korrekt Dr. Robert R. Bigler, dem älteren Sohn von Rolf, Saschas Halbbruder also. Durch seine Unterstützung stand ich endlich als Besitzerin des Hauses im Grundbuch, das mir Rolf hinterlassen hatte.

Und als ich dann, mit immerhin vierzig Jahren, wieder Angebote von Film und Fernsehen bekam, da war wenigstens diese Sorge um den täglichen Franken weitgehend vorbei.

Oft ist äußerer, manchmal nur scheinbarer Glanz teuer bezahlt, schwer erworben, mit der Angst vor dem Schaden durch den

Neid der Mitmenschen, auch wenn die einen gar nicht wirklich beneiden. Neid, ein Hauptgrund für Ängste! In der katholischen Theologie zählt Neid unter die sieben Todsünden. Es gibt sogar Menschen, die Angst davor haben, nicht beneidet zu werden! Von dieser Sehnsucht nach dem Neid anderer bin ich frei. Vom Neid selbst war ich vor langer Zeit nicht ganz frei. Als Sascha klein war, die Kollegen im Sommer in ihren Landhäusern Urlaub gemacht haben, ich aber jede Gelegenheit zur Arbeit wahrnehmen musste, da hat es mich manchmal erwischt. Aber auch das hat sich gegeben. Neid hört wohl auf, wenn man älter wird.

Theatermenschen haben einen gemeinsamen Albtraum, es gibt ihn in mehreren Variationen: Man kommt ins Theater, muss einspringen, weiß keinen Text, steht verzweifelt und wortlos auf der Bühne. Meine Variante endet damit, dass ich, textahnungslos, über die Hinterbühne zum Auftritt gehe, aber im letzten Augenblick flüchte, von der Bühne, aus dem Theater. Einmal ist mir Ähnliches tatsächlich passiert, leider nicht im Traum. Zwar ist das schon viele Jahre her, aber der Schreck sitzt mir noch immer tief: Das Schuljahr war zu Ende, es gab eine Abschlussfeier, und von mir als Hörbiger/Wessely-Tochter nahm unsere Deutschlehrerin an, ich würde ein Gedicht zum Fest beitragen.

Da hatte sie – und ich! – zu großes Vertrauen in mich. Ich sah den Termin näher kommen, sah mir den Text einmal an, freute mich über den nahenden Schulschluss.

Das ging dann tüchtig daneben. Ich wusste gerade noch ein bissel was vom Anfang und stand dann verlegen da. Dabei hätte ich es wissen müssen: Als Kind hatte ich mir zu einem Weihnachtsabend ein Gedicht ausgesucht, das ich vor dem Christbaum für meine Familie aufsagen wollte. Am Nachmittag hatte ich es mir angesehen, am Abend blieb ich stecken. »Du musst lernen, dass die Aufregung fünfzig Prozent des Textes wegnimmt!«, hat mein Vater gesagt.

Heute kann ich nur mit perfekt gelerntem Text spielen. Ich kann auch vor der Kamera improvisieren, aber dazu braucht man Zeit, und die ist teuer, teuer, teuer. Und die Angst bleibt mir trotzdem treu.

Sänger haben Angst, ihre Stimme könnte versagen, Schauspieler, sie würden sich den Text nicht mehr merken können und hängen bleiben. Autoren fürchten, es könne ihnen nie wieder etwas einfallen – wohl auch Regisseure, aber die können da leichter schwindeln.

Dann natürlich die ganz persönlichen, nicht allgemeinen Ängste. Das müssen ja noch lange nicht jene Phobien sein, die nur mit ärztlicher Hilfe zu bewältigen sind. Ich meine nicht die Furcht, aus der Klomuschel könnten Reptilien in die Wohnung dringen, die Knie würden ihren Dienst versagen und in die falsche Richtung abknicken, der Kühlschrank würde schauerliche Fabelwesen ausspeien. Ich mache mich über niemanden lustig, der von diesen und ähnlich abstrusen Befürchtungen geplagt wird, aber das meine ich nicht.

Aber wer aus meiner Familie in meiner Wohnung den Schlüssel innen stecken lässt, so dass man, nach Hause kommend, den eigenen nicht ins Schlüsselloch bringt, bekommt mit mir ein Problem. In diesen seltenen Momenten steigt in mir schlagartig die Erinnerung an die von innen versperrte Türe hoch, mit steckendem Schlüssel, hinter der mein toter Mann gelegen ist.

Ich habe lange gebraucht, sehr lange, bis ich einigermaßen wieder zu einem inneren Alltag finden konnte, damals, und dass ich für meinen Sascha leben und viel arbeiten musste, war eine Hilfe dabei.

Entsetzlich waren die langen Nächte in den ersten Monaten nach dem Abschied von Rolf. Da saß ich fast jeden Abend nach der Vorstellung im nächtlich stillen Haus und führte mit meinem verstorbenen Mann Gespräche, assistiert von Zigaretten und Whisky. Sascha war längst im Bett.

Damals erzählte ich das einer Schweizer Journalistin, sie gab es auch ganz korrekt wieder. Viele Jahre später musste ich von meinen »Alkoholproblemen« lesen, mit Meldung auf der Titelseite, inklusive Interview in einem kleineren TV-Sender. Da hatte ich dann, ohne dass ich mir dessen bewusst war, etwas »gestanden«.

47 Mit Sascha in Zürich

Und habe angeblich auch noch die Erfolgsmeldung abgegeben:
»Ich bin davon wieder losgekommen!«
Das war natürlich Schwachsinn, denn von einem ernsthaften Alkoholproblem hatte ja niemand berichtet, weder ich noch die erwähnte Journalistin vom Herbst 1978. Wie hätte ich unter Alkohol fünf, sechs Abendvorstellungen pro Woche bewältigt, wie die täglichen Proben?
An einem Morgen, daran erinnere ich mich, fiel mir alles unendlich schwer. Da spürte ich beim Frühstückskaffee die große Müdigkeit so heftig, dass ich mich wieder niederlegen wollte, statt auf die Probe zu gehen.
Aber unsere Frau Maria, die sich um Sascha und um unseren Haushalt kümmerte, erwies sich auch als die Betreuerin des Zürcher Schauspielhauses und sagte streng: »Das können S' doch nicht machen!«
Nun – ich ging und habe nie wieder versucht zu fliehen.
Ich hatte es wohl auch satt, als brave Vorzugsschülerin, verlässliche Bühnenkünstlerin, ewig funktionierendes Mitglied einer manchmal wankenden Berufssparte dazustehen. So hatte ich im Interview erzählt, ich würde so drei-, viermal pro Woche zwei, drei Whisky trinken. Ich bin mir da offenbar flott vorgekommen. Aber viele Jahre später wuchs mir aus der damaligen Seelennot und diesem einen Zeitungsbericht und seiner Ausgrabung nach Jahrzehnten eine neue Angst heran.
Ich war über die unwahre, schlampig recherchierte Berichterstattung in den Jahren 2006/2007 so entsetzt, dass ich seither jedes Wort auf die Goldwaage lege. Dabei glaube ich ohnehin schon lange nicht mehr alles, was ich in der Zeitung lese, im Fernsehen höre. Dem Menschen, dem ich damals nachtrauerte, meinem Mann, dem unbestechlichen Journalisten Dr. Rolf Bigler, wäre

so etwas nicht in den Sinn gekommen. Durch ihn hatte ich eine sehr hohe Meinung von Journalisten. Und das entsprechende Vertrauen. Das habe ich heute nur noch selten, aber meistens ist ja alles gut gegangen.

Mit Datum vom 1. Oktober 1978 hat mir ein Herr geschrieben, der Brief liegt vor mir, der Koffertiefe entstiegen. Dieser Brief, in das Dunkel meiner damaligen Zürcher Herbsttage gesandt, hat so viel menschliche Wärme, ich möchte ihn hier zitieren. Auch wenn er mit meiner Angst, meinem Kummer von damals, nur am Rande zu tun hat.
Der Brief ist von Ernst Schröder, meinem Jedermann von 1969 bis 1973. Schröder – der nicht nur ein hervorragender Schauspieler, sondern auch ein sehr erfolgreicher Regisseur war –, und ich lernten uns bei den Proben kennen, er traf mich immer wieder mit meiner Familie in Salzburg. Wir wohnten im selben Hotel. Er wusste um unsere intakte, gute, herzliche Atmosphäre. Nun hörte er, zu kurzem Besuch in Zürich während der Ferienwochen auf seinem Ansitz in Castellina in Chianti, von Rolfs Tod. Zurück in Italien, schrieb er mir:

> Hier ist seit gestern der Sommer zu Ende. Es regnet in Strömen nach monatelanger Trockenheit, plötzlich atmet das Land wieder. Von meinem Turmfenster in die weiten Hügelketten hineinschauend, habe ich eine Stimmung vor mir, die ich noch nie so erlebte und die ich Ihnen zu gerne zeigen oder mitteilen möchte. Alles steht im Gegenlicht! Das Helle liegt hinter dem Dunklen, wie es doch sonst umgekehrt wahrgenommen wird. Einzelne Bäume, Eichen und Zypressen, und Gehöfte stehen wie Schatten-

risse gegen die durchsichtige helle Seele des Hintergrunds. Ich schreibe Ihnen davon, weil dies alles zu Ihrem Bilde passt, das ich von Ihnen habe: zuverlässig strahlende Helligkeit ist auch der Hintergrund Ihres Wesens, und ich bin ganz sicher, dass diese Ihre Helligkeit das Dunkel schneller verzehren wird, als Sie und Sascha augenblicklich meinen können ...

Solche Briefe, wie ich sie auch von Axel Springer, auch von Klaus Maria Brandauer erhielt, waren eine größere Hilfe gegen die Zukunftsangst in den langen Nächten als jeder Whisky.

Eine Art von Angst konnte ich hingegen über Jahrzehnte nicht überwinden – die Angst vor dem Premieren-Auftritt! Das ist wirklich nicht zu schildern, es ist eine im wörtlichen Sinne unbeschreibliche Angst. Man steht in der sogenannten Gasse, man wartet auf den Auftritt, im Kulissenhintergrund, man kennt das Stück, hat lange geprobt, hat es schon oft gespielt ... es hilft nichts.
Dabei kann Angst sogar oft ein Motor sein, der einen vorantreibt, wenn sie nicht zur Panik wird.
Folgendes passierte in München, Sascha war in Los Angeles: Ich spielte jeden Abend *Das Konzert* von Hermann Bahr. Gerhard hatte inszeniert, der fabelhafte Wolfgang Hübsch spielte meinen Mann, wir hatten wirklich ganz großen Erfolg – es wäre also wenig Grund zur Aufregung gewesen. Dennoch stand ich wie immer zitternd vor dem ersten Auftritt in der Kulisse. Eine Minute vor meinem ersten Satz stellte sich eine Kollegin neben mich und sagte: »Haben S' schon gehört, in Los Angeles war ein furchtbares Erdbeben. Hat Ihr Sohn sich schon gemeldet?«

Da muss ich jetzt wohl nicht weitererzählen, das versteht man, auch wenn man selbst mit Theater nichts zu tun hat. Ich war maßlos erschrocken. Ich kann mich nicht erinnern, wie ich diesen ersten, ziemlich langen Auftritt überstanden habe. Gleich danach, wieder in der Garderobe, habe ich alle Anwesenden gefragt, ob sie etwas wissen. Sie alle, Schauspielerkollegen, Garderobiere, Maskenbildnerin, hatten mich mit solch einer Frage verschont. Zu telefonieren war nicht möglich, die Leitungen waren unterbrochen. Endlich, gegen Ende der Vorstellung, kam dann Saschas eigene Meldung ans Theater – alles in Ordnung, Mama, ließ er mir ausrichten. ...
Das zumindest kann mir jetzt so nicht mehr passieren. Ich warte nicht mehr in der Gasse auf den Auftritt, spiele nicht mehr Theater. Ich habe genügend andere Möglichkeiten für Ängste.

Vor einiger Zeit litt ich unter bohrenden Kopfschmerzen. Wenn solche Beschwerden ohne ersichtlichen Grund auftreten, fast täglich, dann wird das wohl nicht nur bei mir zu Angst führen. In diesem Fall habe ich das einzig Richtige getan – ich habe mir einen ärztlichen Rat geben lassen und ihn sogar befolgt. Was heißt sogar, das ist so eine Redensart. Man geht doch nicht zum Arzt, um dann das Gegenteil zu machen von dem, was einem empfohlen wird. Natürlich habe ich den Rat befolgt. Aber es war mir nicht angenehm. Ich sollte in ein Gerät, das mir ein wenig Angst bereitet hat. Mein Sascha war in der Schweiz beim Militär und da hatte er auch in Schützenpanzern zu sitzen, ihm hat das nichts gemacht, mir wäre diese Enge sehr drangvoll gewesen.
Mein Kopf sollte untersucht werden. Der Gedanke an einen Computertomografen und mit mir drin, das war nicht angenehm. Aber dann saß ich am vereinbarten Termin überpünkt-

lich im Warteraum. Allerdings bin ich geschrumpft, wartend, zu einer ängstlichen kleinen Frau.
Und dann war es vorbei. Vor mir stand ein besonders gut aussehender Arzt mittleren Alters und erläuterte: »Gnädige Frau, vor Ihnen war heute eine junge, siebzehnjährige Frau in der Röhre. Sie hat sich als gesund erwiesen. Ihr Gehirn ist diesem siebzehnjährigen ganz ähnlich.«
Die Ursache für meine Kopfschmerzen war übrigens eine verkrampfte, falsche Körperhaltung. Das konnte ich ändern. Und damit war auch diese Angst besiegt.

Unter den Erinnerungen aus unserem Wunderkoffer sind auch viele Interviews, aus vielen Jahren. Manchmal bin ich verblüfft über eine meiner Aussagen, hin und wieder bin ich heute nicht mehr gleicher Meinung wie damals, aber oft stimmt ein Schlüsselsatz immer noch auf den Punkt.
Da habe ich für eines dieser Fragebogen-Interviews eine Antwort gegeben, die mich mein Leben lang begleitet.
»Was ist für Sie das vollkommene irdische Glück?«
»Frei von Angst zu sein.«

Fazit: Angst ist das Böseste, was man jemandem wünschen kann.

Ich bin der Weiße Clown

Zirkus, ein Cousin des Theaters, faszinierend für Kinder und offenbar ebenso für Schauspieler. Natürlich die Clowns – sie vor allem sind für uns wichtig, ihnen fühlen wir uns nahe. Und wirklich gibt es ja große Darsteller, die wir im Clownkostüm in Erinnerung haben – Jean-Louis Barrault, ein besonders prominentes Beispiel, als Debureau in *Kinder des Olymp*. Den großen Caruso und Domingo kennt man als Pierrot im *Bajazzo*.
Der Dumme August mag uns zum Lachen bringen – wir Schauspieler sind eher verwandt mit dem Weißen Clown. Seine Hingabe an seine Arbeit, sein weihevoller Ernst, seine Poesie rühren uns. Ich muss der Weiße Clown sein. Ich muss ernst nehmen, was ich spiele. Es ist nicht damit getan, die geschriebene Figur mit den Wünschen und Vorstellungen des Regisseurs mit den eigenen, von mir für sie erdachten Möglichkeiten des Ausdrucks vom Papierleben zum Filmleben zu erwecken. Es ist auch nicht genug, das Drehbuch intensiv zu studieren und den Rollentext perfekt zu erlernen, auch wenn das manchmal schwer genug fällt, langer und intensiver Mühe bedarf.

Die Schauspieler bringen mit, was sie längere oder kürzere Zeit an Lebensformen erfahren, erprobt haben. Ich trage der Figur, die ich zu erschaffen habe, meine Erfahrungen an – aus dem Leben, vom Theater. Lange Jahre am Burgtheater, am Zürcher Schauspielhaus, bei den Salzburger Festspielen, in München, Hamburg, alles dient, in jeweils unterschiedlichem Anteil, der Rolle, selbst Beobachtetes wie aus zahlreichen Premieren, aus tausenden von Probentagen Destilliertes – mit Regisseuren wie Düggelin, Schenk, Weck, Hollmann, Lindtberg, Kortner.
Es ist nicht genug, eine Figur glaubhaft zu machen. Ich muss die Realität hinter der Realität finden, alles über dieses Geschöpf eines Dichters, einer Drehbuchautorin erfahren, muss es kennen lernen, muss ihm einen Charakter zuordnen und es glaubhaft machen.

Und ich muss an diese Figur glauben können, auf dem Trapez bleiben, dem Ganzen vertrauen.
Der Weiße Clown bleibt ernst, er muss alles ernst nehmen. Er muss selbst in scheinbar ausweglosen Lage an sich selbst und seine Aufgabe glauben, ganz bei sich und in seiner Mitte bleiben – wenn er traumwandelnd über den Dachfirst schreitet, mit geschlossenen Augen. »Hoch auf dem Seil, wie war er herrlich anzuschau'n ...«, besingt Iduna ihren Vater, den Clown, in dem nahe meiner Zürcher Frankengasse im Schauspielhaus uraufgeführten *Schwarzen Hecht*, der zum Welterfolg *Feuerwerk* geworden ist.
Der Weiße Clown ist niemals derjenige in der Spaßmachertruppe, der den Tritt in den Hintern kriegt, und schon gar nicht der, der tritt. Er mag zum Opfer eines Streichs werden, man wird seine Gutgläubigkeit, seine Hingabe belächeln – der Dumme

August hingegen wird zwar belacht, er kann aber auch lächerlich werden. Der Weiße Clown wird niemals lächerlich. Er mag streng sein, er gibt Befehle, das freilich kann ich nicht. Seine roten Ohren – von denen man angeblich die Herkunft nicht kennt –, die habe ich schon auch, immer wieder, vor Aufregung.

Fazit: Der Weiße Clown bedeutet, die luftige Welt des Scheins im Theater, im Film, im Fernsehen – im Zirkus, ernst nehmen aus Liebe.

Projekte

Aus meinem Erinnerungskoffer steigen Souvenirs, Speisekarten, Theaterbillets und immer wieder alle möglichen Ideen, die ihre Durchführung nicht erlebt haben. Über manche dieser Wiederentdeckungen staune ich, zum Beispiel über die vielen Fotos von Audrey Hepburn – ich habe mir sogar einen Zeitungsausschnitt aufgehoben, der von ihrer Hochzeit mit Mel Ferrer berichtet.
Erinnern Sie sich an den Film *Ein Herz und eine Krone* von 1953? Da kam eine Prinzessin (Hepburn) auf offiziellem Rombesuch durch allerlei Umstände plötzlich mitten in der Nacht in die Gesellschaft zweier Reporter (Gregory Peck und Eddie Albert), die zuerst nicht wissen, wen sie da vor sich haben. Sie zieht mit ihnen fröhlich durch das römische Nachtleben, tanzt, flirtet, raucht die erste Zigarette. Wein, Musik, eine ausgedehnte Schlägerei, nichts lässt die Prinzessin aus. Natürlich geht diese Nacht einmal zu Ende, nun ist sie zwar glücklich verliebt, aber sie muss zurück in ihre Welt ... Der Film – sein Regisseur war der emigrierte Wiener William Wyler – gefiel mir so gut, dass er im

bekannten Spiel »Was nehme ich mit auf die einsame Insel?« für mich nicht zu schlagen ist. Da kann man lernen, dass Erotik nicht durch Nacktheit erzeugt wird. Der Peck/Hepburn-Filmkuss – ein Meisterwerk für sich.
Dieses Thema hätte ich gerne in einer für mich möglichen Variante gespielt. So fabulierten Gerhard und ich irgendwann vor uns hin, und er schrieb für mich und meinen Jahrgang eine kleine Geschichte, eben eine Variation mit Wien, Staatsoper, Naschmarkt, Nobelhotel. Ich nahm dieses Treatment und zeigte es mehreren Produzenten. Zwar führte das zu manchem Lob, aber nicht zu einem Drehbuch, geschweige denn zu einem Vertrag. Es sei zu anspruchsvoll, schöne Geschichte, aber eher Literatur, leider nein.
Doch der Chef der Lisa-Film in Wien, Carl Spiehs, griff tatsächlich jenen Teil der Grundidee auf, der am Wiener Naschmarkt spielt. Mein Sascha (der Autor im Haus ersetzt den Dramaturgen) verfasste ein Drehbuch, Susanne Freund, die Bewährte, bearbeitete es, und so komme ich zwar nicht nach Rom, aber immerhin auf den Naschmarkt.

Manch anderer Idee wird hingegen keine Zukunft zuteil: Gerhard hatte sich mit dem Badener Bürgermeister, einem »meiner« Bürgermeister also, eine TV-Serie ausgedacht. Die Idee war: Eine Frau sieht sich unerwartet in der Führungsposition einer Bürgerinitiative, sie nimmt die Herausforderung an und den Wahlkampf auf sich und wird tatsächlich neue Bürgermeisterin. Da hat sie nun mit allen Problemen solch eines Gemeinwesens zu tun, und da sollte nun dessen Mitwirkung beginnen – Stadtgartenamt und Finanzverwaltung, örtliches Krankenhaus und Kurorchester, städtisches Museum und Feuerwehr, Stadtpolizei,

Strandbad, alles sollte zur Handlung beitragen, besetzt zum Teil mit Laiendarstellern, die sich selbst spielen. Wenn eine ganze Stadt wie Baden mit allen ihren Möglichkeiten mitmacht, könnte das etwas Besonderes werden, dachten wir. Bei diesem Denken ist es geblieben. Nach anfänglicher Begeisterung wurde es um die Idee immer stiller. Zwar hatten wir einen interessierten Produzenten, die NDF-Film, mit der mich viele gute Erinnerungen verbinden, und die berechtigte Hoffnung auf einen ausgezeichneten Drehbuchautor, doch dabei blieb es – bis heute.

Jahre später allerdings, so wurde mir erzählt, trug dieses Projekt immerhin zur Grundidee für die erfolgreiche *Julia*-Serie bei. Als es um die Finanzierung ging, erinnerte sich der eine oder ande-

48 »Julia«, die ungemein erfolgreiche Fernsehserie: Mit meiner TV-Enkelin

re: Die Hörbiger wollte doch schon einmal in einer kleineren Gemeinde eine größere Rolle spielen ...
Nun sind ja Projekte schon an und für sich eine schöne Sache. Man denkt nach, die Phantasie bekommt zu tun, vielleicht wird ja doch etwas daraus. Manchmal kommt ein schönes Projekt auf Umwegen.
Meine Mutter wünschte sich jahrelang die Verfilmung einer Erzählung von Thomas Mann. In den Fünfzigerjahren, als sie ihre eigene Produktionsfirma hatte, die Wessely-Film, da wäre es ihr möglich gewesen, selbst den Drehbuchauftrag zu vergeben, selbst zu produzieren, mit sich selbst in der Hauptrolle. Aber die Firma gab es zum Zeitpunkt dieses Projektes nicht mehr, Mama blieb nur die Erinnerung an den Wunsch. Aber das ist eigentlich eine ganz andere Geschichte.

Fazit: Projekte sind Spannung, Hoffnung, zwingen zum Denken.

»*Die Betrogene*«

Wann immer mir diese Premiere in den Sinn kommt, drängt sich ein bestimmter Satz vor alle anderen Gedanken: Das war das Schwerste, was ich jemals gemacht habe.
Diese Premiere hat im März 1990 in Zürich stattgefunden, im Theater am Hechtplatz, nach langer Vorbereitung. Es begann mit dem Plan meiner Mutter, sie kannte die Erzählung von Thomas Mann, und man hatte sie gefragt, ob sie die Rosalie von Tümmler, eben die »Betrogene«, im Film spielen wolle. Sie wollte, aber das Projekt verzögerte sich, und als es endlich so weit war, dass man hätte Verträge machen können, fand Paula Wessely zu Recht, jetzt sei sie für diese Rolle zu alt.
Mich hatte diese Hauptfigur immer interessiert. In dem Berg von Unterlagen, die Gerhard mir aus dem Reisekoffer ohne Boden hervorgezaubert hat, finde ich ein Interview mit einer Schweizer Illustrierten aus dem Jahr 1980. Da äußerte ich mich über meine bevorzugten Frauencharaktere und sagte, was auch heute stimmt: »Ich hab' Sympathie für Frauen, die nicht auf der Sonnenseite des Lebens stehen. Da kann man doch in einer Rolle

zeigen, was einem als Frau alles angetan wird. Eine Frau, die verliert, ist eine unglückliche Figur. Ich frage mich, was Frauen tun, die das nicht ausdrücken können.«

Damals hatte ich gerade eine Serie von solchen Rollen am Zürcher Schauspielhaus hinter mir, die Elisabeth in *Maria Stuart*, die Lady Milford in *Kabale und Liebe*, Shakespeares *Widerspenstige*, die Emma in *Betrogen* von Harold Pinter. Und jetzt also Thomas Mann.

Gerhard hat dieses Projekt von Anfang an verfolgt, ohne ihn wäre es nicht zustande gekommen. Denn ich hätte zwar wahrscheinlich immer wieder darüber gesprochen, dazu gekommen wäre es nicht, wie einst bei meiner Mutter. Wenn man von Buchinhalten oder Ideen zu viel spricht, wird am Ende oft nichts aus ihnen.

Wir waren an einem Sonntag zum Mittagessen bei Anne-Marie Blanc, wichtige und verehrte und liebenswerte Kollegin am Schauspielhaus Zürich. Da saßen außer uns noch andere Leute vom Theater am Mittagstisch, und es gab Gesprächsthemen in Hülle und Fülle.

Wir kamen auch auf Thomas Mann, kein Kunststück in Zürich. Hier hat er seine letzten Jahre verbracht.

Ich hatte schon lange vorgehabt, einmal das Projekt »Christiane Hörbiger spielt Thomas Manns letzte Erzählung« anzugehen. Sie heißt *Die Betrogene* und ich habe sie immer in einer Filmversion vor mir gesehen. Da geht es um eine Frau, die sich leidenschaftlich in den weit jüngeren Hauslehrer ihres Sohnes verliebt. Sie ist Witwe, gerade fünfzig Jahre alt, und sie meint, ihre Jugend kehre zu ihr zurück. Bei Thomas Mann heißt das, sie hätte gedacht, »aus Liebe zu dem jungen Mann würde sich selbst die Natur fügen und habe Rosalias Körper wieder zum fließenden Brunnen gemacht...so, dass die Seele sich als Meisterin erweist über den Körper«.

Aber was die Verliebte für ein Wunder hält, das hat andere Gründe. Sie ist schwer krank, sie ist dem Tod nah. Doch sie hadert nicht mit ihrem Schicksal, ist im Reinen mit sich und stirbt »einen milden Tod, betrauert von allen, die sie kannten«.

An jenem Mittag kamen wir bei Anne-Marie Blanc auch auf diese Erzählung, zumal sie ja in Manns Haus, nahe bei Zürich, geschrieben wurde. Und da erzählte ich auch vom nicht in Erfüllung gegangenen Wunsch meiner Mutter, diese Erzählung Thomas Manns einmal in einer Version für das Fernsehen zu spielen. Und plötzlich wurde aus der Theorie ein konkreter praktischer Plan.

Denn in unserer Runde saß auch der Chef der Theaterabteilung

49 Ich stehe beeindruckt im Thomas Mann-Archiv, Zürich 1992.

der Stadt Zürich, Nicolas Baerlocher. Er machte den Vorschlag, ich möge dieses kleine, der Stadt Zürich so sehr verbundene Werk doch wenigstens als Lesung auf eine Bühne bringen. Da habe ich versprochen, immerhin einmal darüber nachzudenken. Und dann hat mich dieser Gedanke nicht mehr ausgelassen.
Gerhard ging das Buch zu kaufen. Die Buchhändlerin runzelte die Stirne, sah ihn misstrauisch an und meinte: »Das hätte er besser nicht geschrieben.«
Das macht nicht Mut – könnte man denken. Mir schon, justament. Die Wechseljahre sind sogar heute noch für viele Frauen ein Thema, vor dem man sich drückt. Da braucht man einen einfühlsamen Partner, einen guten Arzt, ein nahes Verhältnis zur Natur.
Natürlich hat mir das damals und immer wieder auch Gedanken gemacht. Aber heute sind wir doch viel weiter als um 1950, als Thomas Mann *Die Betrogene* schrieb, und es ist doch geradezu blödsinnig, wenn eine Frau mit fünfzig aufhören will, eine Frau zu sein! Da hat sich vieles geändert, die Buchhändlerin hat mich nicht entmutigt.
Nun war natürlich diese Erzählung für eine Matinee viel zu lang, auch für ein Abendprogramm. Eine gekürzte Version würde wohl von den Erben und vom Verlag nicht zugelassen werden... Und selbst wenn wir die Zustimmung erlangen sollten, so viel Arbeit für einen einzelnen Termin?
So wuchs in uns der Plan, aus der *Betrogenen* einen richtigen Theaterabend zu formen, für eines der Theater des Anregers, für das Theater am Hechtplatz. Der Fischer-Verlag stellte seine Zustimmung in Aussicht, wenn die fertige Bearbeitung dem Sohn Thomas Manns, Golo Mann, gefallen sollte. Und Gerhard machte sich an die Arbeit. Das schreibt sich so schnell hin.

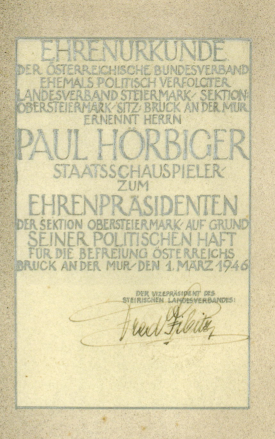

1 Danksagung des Österreichischen Widerstands an Onkel Paul

2 Innsbruck, von mir gezeichnet! Buntstifte auf Papier, 1945

3 Die Familie, komplett

4 Meine Eltern und ich

Mit Sascha in Kalifornien

6 Luca – in Wien, offenbar glücklich, ...

7 ... und sein Vater in ähnlichem Alter mit seiner Tante Maresa

9 Sommer in Baden – ein Teil meiner Rosen

8 Winter in Baden – ich schaufle Schnee.

10 Die Christiane Hörbiger-Rose, dargestellt von Felicitas Kuhn

11 »Donauwalzer«, 1984, mit Hans Michael Rehberg

12 »Alles auf Anfang«, 1994, mit Harald Juhnke

13 »Die Gottesanbeterin«, 2008

14 »Das Erbe der Guldenburgs«, 1987

15 »Schtonk!«, 1992

16 »Der Besuch der alten Dame«, 2008

17/18   Hörbigers auf Briefmarken

19   Mit Peter Ustinov und seinem Bambi

20   Buchpräsentation im Foyer der Kleinen Komödie München mit Gerhard Tötschinger, 1993

Einfach Teile der Erzählung zu streichen, war nicht möglich, und die spezielle Sprache Thomas Manns durch Kürzungen innerhalb der Sätze zu verändern, ebenso wenig. Aber ohne Strich wäre ein Abend von fast fünf Stunden entstanden, den konnte ich weder mir noch dem Publikum zumuten. Also musste sehr vorsichtig ans Werk gegangen werden.

Gerhard ging zur Quelle – zu Mann selbst. Tag für Tag saß er ab dem Morgen im Thomas Mann-Archiv in Zürich, eine Viertelstunde zu Fuß von uns entfernt. In einem barocken Gebäude, das selbst Zeugnis der Literaturgeschichte ist, verbrachte er den Tag. Eine Gedenktafel über dem Eingang erinnert an den ersten Bewohner, an Johann Jakob Bodmer, Freund Goethes, der ihn hier besucht hat. Mit Goethe kamen auch die berühmten Brüder Stolberg, und auch sein kunstsinniger Dienstherr war mit von der Partie, Carl-August, Herzog von Sachsen-Weimar. Das wäre mir wohl nie aufgefallen, wäre mir auch nicht so wichtig geworden, wenn nicht Gerhard jeden Nachmittag nach der Rückkehr begeistert von dieser Arbeit berichtet hätte.

Aus dem Haus Thomas Manns in Kilchberg oberhalb des Zürichsees hat man nach dem Tod des Nobelpreisträgers die Bibliothek und das Arbeitszimmer in das Bodmer-Haus transferiert, mit sämtlichem Mobiliar und sonstigem Zubehör, bis hin zum Bleistiftspitzer. So saß Gerhard also wochenlang an Thomas Manns Schreibtisch, das Originalmanuskript mit seiner schönen regelmäßigen Schrift vor sich, mit allen Arbeitsunterlagen – Fotografien, Pläne, Briefe.

Und eines Tages war er mit dieser Arbeit fertig, sandte sie dem Verlag nach Frankfurt, sie wurde Golo Mann vorgelegt, und der Hüter des Mann-Erbes hat Ja gesagt. Da haben wir uns gefreut.

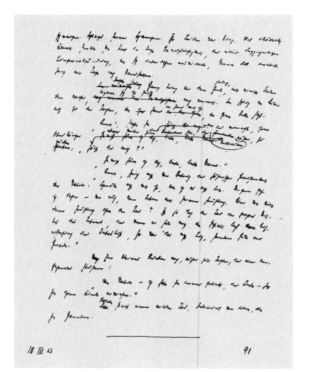

50 Thomas Mann
– eine Seite der
»Betrogenen«

Schon der so entstandene, wenn auch nur indirekte Kontakt mit Sohn Golo war ja auch aufregend, weil man in ihm ja nicht einfach eines der vielen Familienmitglieder, sondern vor allem den großen Historiker und Autor verehren konnte.

Die Betrogene wurde also in das Theaterprogramm des S. Fischer-Verlags aufgenommen, das Theater am Hechtplatz machte seine Verträge. Kostüme, Bühnenbild, Bühnenmusik, alles war zu bedenken, aus dem Plan einer Lesung war ein kompletter Theaterabend entstanden.

Auf den hellen Bühnenhorizont projizierten wir die Fotografien, die Thomas Mann sich zur Inspiration und besseren Schilderung hatte schicken lassen – der Rhein bei Oberkassel, Düsseldorf, Schloss Benrath.

Zwei Monate lang haben wir geprobt, jeden Morgen nach dem Frühstückskaffee spazierten wir durch die Zürcher Altstadt zum Hechtplatztheater, und ich lernte und lernte. Ein Teil war gelesen, ein innerer Monolog kam von mir gesprochen vom Tonband, fast eine Stunde sprach ich auswendig.

Diese Premiere war ein Erfolg, der wuchs. Die Mehrzahl der vielen Kritiken war positiv, sehr positiv.

Manche Kritiker waren verwundert. Der Zürcher »Tagesanzei-

51 Das Plakat

ger« schrieb, nur ein Beispiel, hier trete die »ernsthafte Künstlerin und nicht der TV-Star ins Rampenlicht«.

So schnell geht das ... Am Schauspielhaus hatte ich fünfundzwanzig Jahre lang alles gespielt, von Tom Stoppard bis Lessing, von der Elisabeth in *Maria Stuart* bis zur Eurydike in *Orpheus in der Unterwelt*. Und jetzt waren sie erstaunt über die »ernsthafte Künstlerin«.

Drei Wochen lang waren wir, en suite, ohne freien Abend, ausverkauft, dann konnte um einige Tage verlängert werden, die Nachfrage riss nicht ab. Ein lang vereinbartes Gastspiel verlangte schließlich das Ende der Aufführungsserie.

Im Publikum saßen sehr viele junge Menschen, Schüler, Studenten der Eidgenössischen Technischen Hochschule, aber auch Theaterdirektoren, die Kollegen vom Schauspielhaus, und auch

52 »Die Betrogene« in Wien, Freie Bühne Wieden

die Bewohner der »Goldküste« am Zürichsee, um deren materielle Existenz man sich ebenso wenig Sorgen zu machen braucht wie um jene, die aus ihren herrschaftlichen Villen auf dem Zürichberg erschienen. Und es reisten auch Besucher von weit her an, und so kamen die ersten Anfragen wegen eines Gastspiels.

Mit der *Betrogenen* waren wir später in Wien, in Luxemburg, in München. Den ersten Abend in der Komödie im Bayerischen Hof in München werde ich mein Lebtag nicht vergessen, es war am 27. November 1992. Ich habe mich damals nach den anstrengenden zweieinhalb Stunden noch eine halbe Stunde lang verbeugt, vor einem fachkundigen Publikum, das zum guten Teil wirklich vom Fach war – Lola Müthel, Maria Wimmer, Felix Dvorak, Friedrich von Thun, Rolf Schimpf, Eva Pflug und viele andere. Sie haben nicht aufgehört zu jubeln, mir Blumen zuzuwerfen – und ich habe nicht aufgehört, mich zu freuen. Ich bin da oben gestanden und war glücklich.

ZWISCHENRUF: »*Du hattest einen Applaus wie bei einem Rockkonzert! Und du standest auf der Bühne und hattest das Gesicht eines Kindes, dem man soeben etwas sehr Schönes geschenkt hat.*«

Am nächsten Morgen kamen Angebote – von den Münchner Kammerspielen, von Tourneeunternehmern, das erste um halb acht Uhr in der Früh.

Ich spielte *Die Betrogene* zwei Wochen lang in der Freien Bühne Wieden, die von Topsy Küppers und Carlos Springer begründet, mit einem mutigen und unkonventionellen Programm sich ein Stammpublikum von Kennern geschaffen hatte. Gerhard war mit dem Direktorenehepaar befreundet, bald waren die beiden

53 Nach einer Lesung im ORF-Landesstudio
Salzburg: Mit meiner Mutter, 1988

auch meine Freunde. »Gemeinsame Erfolge sind eine gute Grundlage für Freundschaften« ist ein Dauersatz von Gerhard. Auch da war jeder Abend ausverkauft, von den Kritiken erwähne ich eine einzige, auch, weil sie mich an meine Mutter denken lässt. Heinz Schewe, viele Jahre lang Korrespondent der »Welt« in wirklich aller Welt, schrieb eine Hymne im Feuilleton der »Israel-Nachrichten« unter der Überschrift »Die Betrogene – ein Theaterereignis in Wien – atemraubend«.

Diese Kritik schickte mir meine Mutter. Sie war in der ersten Vorstellung gewesen, freute sich über jedes Lob mit mir und schrieb dazu: »Höher geht's nimmer! Busserl, Mami.«

Dieses Lob aus meinem Elternhaus war mir sehr wichtig, meine Mutter hat immer den höchsten Maßstab angelegt, auch und vor allem an sich selbst. Sie hat, eine kurze Bemerkung am Rande,

nie von »Kritiken« gesprochen, das Wort alleine schien ihr vielleicht gefährlich. Für sie waren das »Referate«.
Und damit bin ich am Anfang dieses Kapitels, bei dem Plan meiner Mutter, die »Betrogene« zu spielen.

Fazit: Auf die Gefahr hin, mich zu wiederholen: *Die Betrogene* war das Schwerste – und Schönste, was ich jemals gemacht habe, am Theater.

Großeltern

Im Leben sehr vieler Menschen spielen neben den Eltern die Großeltern eine ganz wesentliche Rolle. In meinem Leben ist es seltsamerweise gerade der Großvater, lange vor meiner Geburt gestorben, der mich immer wieder einholt. Er war in unserem Elternhaus durch die vielen Erzählungen unserer Eltern, in Fotos, auf Zeichnungen meines Onkels Alfred, durch einen gerahmten Brief an unseren Vater im Kindesalter, auf vielfältige Weise allgegenwärtig. Durch seine »Welteislehre« wurde er für viele Menschen ein Begriff – und auch zur Filmfigur, Hans Jürgen Syberberg drehte einen Film über ihn, mein Vater übernahm den Part. Es gibt mehrere Bücher über sein Leben und seine Arbeit, und selbst noch in der Gegenwart, fast achtzig Jahre nach seinem Tod, lebt er in der Literatur weiter, in Roland Topors *Memoires d'un vieux con*. 1951 gestaltete das Technologische Gewerbemuseum Wien ein Büchlein, dessen Thema »Große Österreicher« sind. In der langen Liste der Persönlichkeiten, denen hier gehuldigt wird, steht neben den Namen Bertha von Suttner, Erwin Schrödinger, Carl von Ghega, Theodor Billroth

54 Meine Großeltern Hörbiger und ihre vier Söhne, in der Mitte Attila, neben ihm Paul in Schuluniform, links Hans Robert, rechts Alfred

auch der von Hanns Hörbiger. Die Autoren heben von seinen vielen Taten, von der Welteislehre bis zur Entdeckung eines Mondkraters, eine ganz besonders hervor, »das in der ganzen Welt verbreitete, massearme, reibungsfrei geführte Plattenventil für Gebläse, Pumpen und Kompressionen«.

Hanns Hörbiger stammte aus Tirol, war aber 1860 in Niederösterreich zur Welt gekommen. Ein treuer Biograf meines Großvaters, Hans Wolfgang Behm, hat 1930 bei einem Verlag in Leipzig ein umfangreiches Buch herausgebracht *Hörbiger. Ein Schicksal.* Dass der von ihm so sehr Verehrte ein uneheliches Kind war, muss dem Autor sehr peinlich gewesen sein, er verschweigt es. Zwar zitiert er meinen Großvater zum Thema – »Es liegt ein Mysterium über meiner Geburt« –, doch von welcher Art dieses Mysterium ist, erfährt der Leser nicht. Behm schreibt:

»Aufgeweckt aus den Tiefen einer ruhelos suchenden Menschheit sprosst eine Knospe zum Tageslicht.«

Hanns Hörbiger selbst hatte keine Probleme mit seiner Herkunft. Er war schon zehn Jahre alt, als er erfuhr, weshalb er demnächst einen Stiefvater haben würde und bis dahin ohne Vater gewesen sei: »Ein Verlobter wäre wohl da gewesen, hat die Mutter erzählt, ein Künstler in Beinschnitzerei. Aber derselbe hatte seine Vaterschaft abgelehnt. Und da hat ihm die Mutter gesagt: ›Jetzt mag ich dich nicht mehr, und wenn du in Gold gefasst wärst!‹ Obwohl der Selbige sie zu ehelichen sofort bereit gewesen wäre, aber eben ohne Kind.«

Der Bub verbrachte seine Kindheit zum großen Teil in Kärnten, wohin die Familie gezogen war – nach Dellach im Gailtal. Die Volksschule besuchte er in Kötschach. Sein Großvater Alois, der Orgelbauer war, hatte sich seine Wohnsitze nicht immer selbst gewählt, sie richteten sich nach dem Zustand der Orgeln, wo man ihn in der Gemeinde brauchte. In Dellach, in St. Daniel und in anderen Orten dieser Landschaft hat er gearbeitet. Enkel Hanns zog mit, von Atzgersdorf nach Kärnten, nach Siebenbürgen, in den Banat, nach Versecz, dort besuchte er die Unterstufe der Realschule, lernte Ungarisch.

Dann war erst einmal Schluss mit Lernen – denn dazu hätte der Vierzehnjährige auf eine Schule nach Budapest oder Szegedin gehen müssen, und dafür reichte das Geld der Mutter und des Stiefvaters nicht. So blieb nur eine Lehre – Hanns kam zu einem Schmied. Mit sechzehn Jahren war er Schmiedgeselle, nun machte er sich selbst auf die Suche nach einem technischen Studium. Die rund siebenhundert Kilometer in die Residenzstadt bewältigte er zum Großteil zu Fuß, immer mit der Zither im Rucksack.

In Wien bemühte er sich um ein Stipendium und studierte an der Bau- und Maschinengewerbeschule. Sein Interesse für die Natur, den Sternenhimmel, konnte er jetzt, nach der praktischen Erfahrung als Bub, auch in der Theorie befriedigen. Mit Nachhilfestunden und Zithervorträgen besserte er sein Stipendium auf.

Und mit Zitherabenden und Unterricht hat er ein besonders bemerkenswertes, ein sehr persönliches Projekt bewältigt. Er ist auf die Suche nach seinem Vater gegangen, wörtlich – gegangen. Die Frage nach dem Vater war ihm so wichtig, dass er sich in Ermangelung anderer Möglichkeiten zu Fuß auf diesen langen Weg von – ja das weiß ich nicht. Er ist gegangen, hat Zither gespielt, hat gesungen, durch Tirol, Vorarlberg, die nördliche Schweiz, durch das Elsass. Und endlich war Hanns Hörbiger in Paris. Da lebt der Vater, hatte man ihm gesagt. Dahin sollte er sich aus der Verantwortung geflüchtet haben.

Der sehr junge Hanns hatte nur einige wenige, unsichere Informationen. Seine Unkenntnis des Französischen muss ein zusätzliches Problem gewesen sein. Mühselig war die Suche nach dem Vater, nicht nur jene per pedes, auch diese innere, und ebenso die investigative, kriminalistische.

Viele Fragen – aber am Ende ein Erfolg. »Oui Monsieur, mais bien sur, Monsieur Leeb, l'Autrichien, il se trouve ici.« (So viel Französisch kann ich.) Das war also geklärt, der Vater war in Paris, die erfragte Gegend hat gestimmt, aber wie jetzt ihn auch treffen?

Hörbiger, der Sohn, wollte mit Leeb, dem Vater, zumindest kurz sprechen. Wo also? Er fragte weiter, in welcher Sprache auch immer. Intelligent war er ja. Und er erfuhr, dass sein Vater, mein, was soll ich machen, Urgroßvater, jeden Morgen in diesem Gast-

haus, nahe einer großen Brücke, sein Frühstück einnahm. Und als er das wusste, ging Hanns dahin und fragte: »Monsieur Leeb?« – »Certainement, ce Monsieur là!« Und hat sich zu ihm gesetzt, an einen großen Tisch: »Gestatten Sie?«
Er sprach mit dem fremden Herrn, in welcher Sprache? Er trank, ihm gegenüber, seinen Kaffee. Dann nahm er wieder Abschied, von Paris, von seinem Projekt, von – la recherche du temps, pardon, du père perdu. Und hat ihm nicht gesagt, dass er sein Sohn ist.
Hanns Hörbiger ist ein sehr bekannter Mann geworden. Seine Patente, seine technische Begabung und seine Kraft, sich durchzusetzen, haben vielen tausend Menschen einen Arbeitsplatz geschaffen. Alleine das Hörbiger-Ventil, eine von vielen Erfindungen, 1895 angemeldet, hat sich bis heute, 2008, durchsetzen können und wird noch immer hergestellt!
Seine Firma, besonders erfolgreich weitergeführt von der Tante Martina, Tante Tinerl genannt, Ehefrau des eigentlichen Firmengründers Onkel Alfred, ist nunmehr im Besitz von insgesamt sage und schreibe 186 Patenten, deren Mehrzahl noch von Hanns Hörbiger stammt. Alle anderen sind Produkte der Firma, die seinen Namen trägt und die den älteren Söhnen, Hans Robert und Alfred, zugedacht war.
Aber er muss, nach allem Erzählten zu schließen, bescheiden geblieben sein. Auch noch als erfolgreicher Erfinder hatte er auf allen Wegen die »unvermeidliche Zither« bei sich.
Nicht nur die Musik war meinem Großvater wichtig, auch vom damals noch so jungen Kino war er begeistert. Er saß, mit der Familie endlich wieder in Wien angekommen, jeden zweiten, dritten Tag in Atzgersdorf im »Lichtspieltheater«, das mag ihn auch aus technischen Gründen beeindruckt haben.

Ich erzähle das alles nicht nur, weil ich selbst gerne daran denke. Und auch nicht nur, weil mich dieses Buch dazu anregt, mich mit der Geschichte meiner Familie zu befassen, dafür bin ich dankbar, dazu kommt es ja nicht sehr oft. Ich erzähle all das vor allem, weil ich glaube, dass aus dieser Kombination vieler Menschen in den vorigen Generationen die Erklärung für unsere Gegenwart folgt, unsere Lebenswege, Entscheidungen, Charakterzüge. Weil ich sicher bin, dass in meiner Familie die Kreativschübe durch Generationen weitergegeben wurden, dass wir dem Orgelbauer, dem Ventilerfinder die guten Voraussetzungen danken, und auch anderen Vorfahren, die nicht so im Blickfeld stehen, meinetwegen sogar dem flüchtigen Hallodri, dem schnitzenden Schwerenöter, meinem Urgroßvater.

Manches habe ich in deutlicher eigener Erinnerung. Anderes muss ich nachlesen, muss fragen. Aber das wird immer schwieriger. Meine Mutter kann ich nicht mehr fragen, meinen Vater kann ich nicht mehr fragen. Hätte ich nur …! Das denke ich oft in diesen Wochen. Umso froher bin ich, wenn Maresa oder Elisabeth mir Antworten geben können, wenn Gerhard rechtzeitig gefragt hat und mir nun etwas erzählen kann, das er noch von meinen Eltern selbst erfahren hat.

Hanns Hörbiger hat eine aus Böhmen, aus Tabor, stammende Wienerin geheiratet.
»Eine reinrassige Czechin also«, schreibt er an einen Freund, den Schriftsteller Albert von Trentini, »und meine Studentenliebe, die ich sofort heimführte, als das erste Gehalt von sechzig Gulden monatlich gesichert war. Um weitere Erfahrungen in der

Liebe zu sammeln, an denen Ihre Romane so reich sind, hatte ich mir also gleich selbst alle Gelegenheit verbaut!«
Diese sechzig Gulden monatlich verdiente er in Sillein, das heute Silina heißt. Das war damals eine kleine Stadt in Oberungarn, seit dem Ende der Monarchie gehört Sillein zur Slowakei. Von Sillein ging es weiter nach Vajdahunyad, wo Ingenieur Hörbiger ein Hochofengebläse für das Eisenwerk baute, und dann, 1893, nach Budapest. Da waren die beiden älteren Söhne, Hans und Alfred, schon auf der Welt. In Budapest bereitete man zu der Zeit die große Ausstellung zum Jahr 1896 vor, »1000 Jahre Ungarn«, die Millenniumsausstellung. Die Tuchfabrik von Sillein sollte dort vertreten sein, in einem eigenen Pavillon, und ihn zu bauen war meines Großvaters erster Auftrag in Budapest. Später kam der noch größere Auftrag, die Millenniumsbahn. Sie führte und führt über eine schöne, aber nicht weite Strecke, vom Zentrum bis zum Heldenplatz, unter der Andrassystraße.

Diese erste Untergrundbahn des Kontinents mit ihren zu kleinen Museen gestalteten Stationen wollte ich mir einmal vor etlichen Jahren ansehen.
Ich war in den Neunzigern in Budapest Gast in der TV-Show von Béla Erny. Einen Tag hatte ich frei, also erkundigte ich mich nach der Millenniumsbahn, spazierte in eine Station, sah mich um und wurde gleich darauf verhaftet. Ich hatte keine Fahrkarte! Zwei Kontrolleure hielten mich fest, keiner verstand, dass ich nur hatte schauen wollen ... Irgendwie kam ich wieder weg. Jahre später drehte Sascha dort unbehelligt für eine österreichische TV-Produktion, er hatte die Begegnung mit dem Werk seines Urgroßvaters wohl besser vorbereitet als ich.

Diese Millenniumsbahn war ein bedeutendes Projekt, die erste U-Bahn am Kontinent, und um dieselbe Zeit erfand Hanns Hörbiger auch sein berühmtes Ventil. So wurde Budapest zu einer besonders wichtigen Station in seiner Lebensbahn.

Davor gab es noch eine Station in Brünn, schon mit Familie. In Brünn hatte mein Großvater wie immer seine Zither mit, ja sogar kurz die Leitung des »Brünner Zitherclubs« übernommen.

In demselben Brief erzählt der Großvater vom Glück, dass Krankheiten in der Familie selten sind, und ganz besonders nennt er da seine Frau: »Keine Viertelstunde krank gewesen, mit Ausnahme der vier Storchbesuche, denen wir unsere ebenso gesund aufgewachsenen vier Buben verdanken!«

Meine Schwester Elisabeth nennt unsere böhmische Großmama, die zuerst Näherin war, bevor sie ganz und gar in ihrem Familienberuf aufging, ein »Zauberwesen«.

Vielleicht hatte diese Großmutter Hörbiger sogar einen gewissen Einfluss auf die Berufswahl ihrer beiden jüngeren Söhne. Immerhin spielte auch sie schon Theater, wenn auch auf ihre Weise, in der Laienbühne. Im November 1918 berichtet Hanns Hörbiger seinem Freund Trentini:

»Wenn es not tut, erscheint sie auch auf der Volksbühne anspruchslosen und stadtfremden Stils und trägt mit dazu bei, das Leben kleiner und geplagter Leute zu verschönern. Erst neulich hat sie wieder die Josefine, Napoleons Frau, im tschechischen Lustspiele *Der Herr der Welt im Schlafrock* in einem Wiener tschechischen Vereinstheater gespielt. Und ich saß da im Parterre, obwohl ich vielleicht nur jedes fünfte Wort verstehe, falls ich mir nicht vorher die Geschichte erzählen ließ. Und auch mit meinen Buben, die noch weniger Tschechisch verstehen als ich, saß ich schon öfters im tschechischen Vereinstheater.

Und da stupsen wir uns immer gegenseitig, wenn unsere Mama die vornehme Weltdame ganz leidlich spielt, als wäre sie wirklich Ihre Majestät, die Frau Josefine Bonaparte. Natürlich spielt unsere Mama auch deutsche Rollen, singt dafür aber auch im Orgelkirchenchor der böhmischen Kirche am Rennweg.«
Zu den Lieblingsrollen meiner Großmutter in ihrem Liebhaberverein gehörte auch die Marie Louise, Tochter von Kaiser Franz, in dem Singspiel *Die Abenteuer des Háry János* von Zoltan Kodály. Da hat meine Großmutter einmal einen Abstecher in die Kunst Ungarns gemacht. Sie spielte also nicht nur die erste Ehefrau Napoleons, die erwähnte Josephine, sondern auch die zweite, sogar mit Gesang!
Diese Gesangspartie ist nicht sehr groß, deshalb habe auch ich sie, für eine Fernsehproduktion, übernehmen können.

ZWISCHENRUF: »*Du neigst dazu, liebe Christiane, dich immer wieder ein bissel schlechter zu machen. Für solche Momente habe ich, unter anderem, mit dem Verlag diese Zwischenrufe ersonnen. Erstens habe ich seinerzeit diese* Háry János-*Produktion gesehen, sie hat mir ganz ungemein gut gefallen. Zweitens – du hast doch in deinem Theaterleben immer wieder gesungen, manchmal bis an die Grenzen deiner Möglichkeiten, zugegeben. Du warst die Eurydike in Offenbachs* Orpheus in der Unterwelt, *die Rösslwirtin in der Volksoper Wien, du hast mit Harald Leipnitz im TV-Singspiel* Hofloge *brilliert. Also freu dich, dass du auf den Spuren deiner Oma eine ausgezeichnete Marie Louise warst!*«

Diese Marie Louise ist offenbar eine Art Familienbesitz der Hörbigers. Also zuerst die Großmutter, in einem Saal gegenüber der Kirche von Mauer, Wien, 23. Gemeindebezirk. Viele Jahre spä-

ter ihre Schwiegertochter. Paula Wessely hat die zweite Frau Napoleons in dem Film *So endete eine Liebe* dargestellt.
Dann folgte ich, gleich zweimal. Wie erwähnt, in einer Produktion für das Österreichische Fernsehen, Kodálys *Háry János* mit

55 Mit Boy Gobert in »Die Abenteuer des Háry János« von Zoltán Kodály, ORF 1963

Josef Meinrad, Otto Schenk, Anna Tardi, Boy Gobert als Partnern, mit einem wunderbaren Ensemble. Und davor am Stadttheater Heidelberg.
Und vor wenigen Jahren spielte Paul Hörbigers Enkelin Mavie, also im weiteren Sinne meine Nichte, die Marie Louise, in einer

internationalen TV-Produktion neben Weltstars wie John Malkovich und Isabella Rossellini.

Großmutter Hörbiger war so lebendig, mit achtzig Jahren ließ sie sich noch die Augen operieren, das war damals sehr viel heikler als heute. Sie erklärte damals verschüchtert, sie wolle nicht, dass ihre Enkelkinder dahinterkämen, dass sie nicht mehr lesen könne.

Die »Studentenliebe« war knapp ein Jahr jünger als ihr Mann, und sie wurde viel älter als er, der mit einundsiebzig Jahren starb. Großmutter Hörbiger überlebte ihren Mann um Jahrzehnte, und nie verlor sie ihren schönen heimatlichen deutsch-böhmischen Akzent.

In den Tagen, da ich diese Seiten schreibe, lese ich, unter anderem, ein Buch von Peter Henisch, *Eine sehr kleine Frau*. Der Autor beschreibt Spaziergänge mit seiner Großmutter, und immer wieder tut es mir leid, dass ich nicht rechtzeitig, frühzeitig, die Kraft gehabt habe, auf ähnliche Weise mit meiner Großmutter umzugehen, um – zu – gehen.

Ganz anders ist meine Erinnerung an die andere Großmutter, Mamas Mutter. Auch sie war der Inbegriff einer tüchtigen Ehefrau, erzog ihre beiden Töchter streng, glaube ich, saß im Geschäft, der Fleischhauerei Wessely, an der Kassa.

Mit dem Ende von Österreich im März 1938 kam auch das Ende des florierenden Geschäfts. Es war zu klein für die nun beginnende, angeblich so große Zeit, wie ja wohl auch Österreich als solches zu klein war. Nun waren sie beide weg, das Land und das Geschäft.

Das war für den berufsstolzen Großvater ein harter Schlag. Er hatte seinen Betrieb über die schweren Jahre im Ersten Welt-

56/57 Die Eltern Carl und Anna Wessely, geborene Orth

krieg, über die lange Hungerperiode danach, bringen können, und nun hatte ihm die Politik den Boden weggezogen. Aber es kam noch schlimmer: Nachdem der Krieg das Haus in der Sechshauserstraße mit der Fleischerei und auch gleich noch das gegenüberliegende Wohnhaus zerstört hatte, wohnten die Großeltern zuerst einmal bei uns, auch noch lange nach Kriegsende. Tante Mitzi, Paula Wesselys ältere Schwester, zog ebenfalls bei uns in der Himmelstraße ein, mit ihrem Mann Josef. Ihr Haus war am selben Tag zerbombt worden wie das meiner Großeltern.

Großmutter Wessely hatte die Gewohnheit, im Sonnenschein auf einer Bank am Grinzinger Platz zu sitzen, und wenn ich mit meinen Schulfreundinnen nach dem Unterricht an ihr vorbeilief, grüßte ich sie manchmal kaum, ich sah sie ja ohnehin bald wieder. Solche winzigen Details von Erinnerungen kommen mir heute in den Sinn ... Wenn Luca eines Tages, absichtlich ohne zu grüßen, an mir vorüberzöge – es würde mich kränken! Dabei habe ich gerade an die Großmutter Wessely eine besonders liebevolle Erinnerung. Als ich meinen zweiten Film gedreht hatte, als Mary Vetsera in *Kronprinz Rudolfs letzte Liebe* erschienen in den Zeitungen Bilder. Großmutter schnitt sie aus, und da

58 Oma Hörbiger bringt mir Radfahren bei, Wien 1942.

stand ich nun gerahmt auf ihrem Nachtkastl, das werde ich ihr nie vergessen. Sie war die erste, mein Ur-Fan. Die Liebe.
Anna Wessely war eine typische Wienerin, in ihrer Art, mit ihrem Akzent. Ich merke, ich habe sie heute noch lieber als

damals. Wenn ich eines Tages durch die Türe ins Jenseits gehe, vielleicht, hoffentlich, durch die Himmelstüre, dann stehen, abermals hoffentlich, meine beiden Großmütter zur Begrüßung da.

Den dazu gehörigen Großvater Carl, Mamas Vater, habe ich noch lange erlebt.
Seine früh verstorbene Schwester Josefine hatte sich in ganz jungen Jahren einen Platz in der Theatergeschichte geschaffen. Im Burgtheater sieht man sie heute noch als Julia, im Wandschmuck, und ihr Romeo auf dieser Darstellung ist der legendäre Josef Kainz.
So hatte Großvater Wessely sicher kein Problem, als seine Tochter denselben Weg einschlug. Auch hatte eine gute Lehrerin, Fräulein Gutwenger, sehr früh erkannt, dass in ihrer Schülerin Paula ein ganz besonderes Talent auf seine Erweckung gewartet hat.
Sie redete Paulas Eltern gut zu, überzeugte sie vom Talent ihrer Tochter. Und so ist das alles ohne den sonst damals üblichen familiären Kampf möglich geworden.
Es gibt eine amüsante Geschichte über Carl Wessely, die im Familienkreis und später auch von Gerhard immer wieder erzählt wurde:
»Carl Wessely, bürgerlicher Fleischhauermeister in der Sechshauserstraße in Wien, Bezirk Fünfhaus, hatte in der Monarchie und auch noch in den Jahren der Ersten Republik Österreich, viele großbürgerliche Kunden. Der Vater von Paula Wessely war ein eindrucksvoller Mann, Handwerkerstolz paarte sich mit großer Korrektheit.
Umso schwerer ließen sich die ständig mäkelnden Herrschafts-

köchinnen erdulden, die überselbstsicheren Dienstmädchen. Da konnte einem schon einmal anstelle einer simplen, trockenen, sachbezogenen Antwort ein Bonmot in den Sinn kommen. Carl Wesselys Geschäft ist voll. Drei Kunden zugleich werden bedient, andere warten. Immer wieder öffnet sich die Türe, die Türglocke ertönt – kennt heute niemand mehr. Taschentragende Hausfrauen, sachkundige Köchinnen, Dienstmädchen mit Körben.

›Ein Kilo Schweinsschnitzel, halbes Kilo Knochen, bitte sehr, danke vielmals! Meine Verehrung! Guten Morgen, gnädige Frau! Kompliment! Bitte, für die Frau Hofrat ein halbes Kilo Tafelspitz, ja, gerne, Henderl, hamma, Habediehre …‹

Über alle Köpfe hinweg kommt aus der dritten Reihe der Wartenden die arrogant-penetrant vorgetragene Frage eines großbürgerlichen Dienstmädchens: ›Sagen Sie, Herr Wessely, ist die Kalbsbrust heute frisch?‹

Alleine die Idee, sie könnte nicht frisch sein oder – sie könnte heute nicht frisch sein, ebenso wie der absurde Gedanke, dass hier überhaupt irgendetwas nicht Frisches angeboten würde, ist tollkühn. Die Kundschaft weiß das. In die plötzlich entstandene atemlose Stille sagt Carl Wessely: ›Fräulein, wann Sie so a Brust hätten, kriegaten S' an Baron.‹«

Dieser Opa war selbst im Alter noch ein fescher Mann. Er pflegte seinen Schnurrbart, er war bescheiden, hatte einen stillen Charme.

Jetzt bin ich selbst schon seit Jahren Großmutter. Es ist schön zu sehen, wie es weitergeht und dass es weitergeht. Wie Luca aufwächst, wie sein Cousin Attila, Elisabeths Enkel, aufwächst, wie sie zu sprechen, zu fragen, zu erzählen beginnen.

Deshalb möchte ich gerne alt werden. Was die Gene betrifft, habe ich ganz gute Chancen. Mein Vater wurde einundneunzig, meine Mutter dreiundneunzig, beide Großmütter sind alt geworden, Leopoldine Hörbiger neunundneunzig. Also lebe ich gesund, meistens. Vielleicht schaffe ich es auf diese Weise. Außer ich fürchte mich krank.

Fazit: Großeltern – in meinem glücklichen Fall eine einzige, reiche, gute Erinnerung.

Der Onkel Paul

Warum drängt es mich, gerade über dieses Familienmitglied zu schreiben? Ich denke immer wieder an diesen Onkel, werde nach ihm gefragt, spreche von ihm, und jetzt schreibe ich kurz über ihn. Vielleicht ist mir die Erinnerung an ihn auch deshalb so lieb, weil das kleine Kind in mir nicht vergessen hat, dass er mich einst besuchte, als ich alleine, ohne Eltern und Geschwister, mit vielen anderen, aber eben fremden Kindern in der Schweiz, in Beatenberg, war. Und ich kann mich über Ungerechtigkeit aufregen – aber dazu später.

Von seiner Bühnenkarriere, seinen Filmerfolgen, seinen privaten und beruflichen Abenteuern ist ja alles berichtet worden, was es nur gibt, in unzähligen Zeitungsberichten, in den Büchern von Georg Markus.
Der Großvater selbst erwähnt den eben geborenen Paul in seinem aufgeregten Bericht über die Minuten, da ihm bei der regelmäßigen Betrachtung des Mondes der Gedanke seiner Welteislehre in den Sinn kam. Er saß in jeder sternklaren Nacht hinter

seinem Fernrohr, 1894 schon mit den Arbeiten zu der Untergrundbahn von Budapest beschäftigt: »Nach stundenlangem Anstarren der Mondscheibe blitzte plötzlich ein ungeheurer Gedanke auf! Wie ein Keulenschlag traf mich dieser Gedanke, siedheiß lief es mir über den Rücken.« Dann ist er aufgestanden, hat seinen Mondbeobachtungsposten verlassen und erzählt weiter: »Es dürfte um Mitternacht gewesen sein, als ich zu meiner Frau hinüberschlich. Um ihr zu berichten, wiewohl ich mich ja gar nicht verständlich machen konnte. Wie aber beneidete ich jetzt wieder meine Frau um den gesunden Schlaf und um ihre Sorgen für die Kinder, nachdem uns im April der Storch unser drittes Söhnchen Paul gebracht hatte.«

Maresa kam einmal in Bregenz an, zu den Festspielen. Im Hotel nannte sie ihren Namen, wurde besonders freundlich begrüßt – und dann gefragt: »Nicht wahr, Sie sind die Tochter von Paul und Attila Hörbiger?«

Der Name Attila ist für manche sicher sehr exotisch und nicht eindeutig einem Mann zuzuordnen. Er stammt aus der ungarischen Vergangenheit meines Großvaters Hanns Hörbiger, mein Vater ist ja in Budapest zur Welt gekommen, ebenso wie sein älterer Bruder Paul, dessen Name in der Familie in der ungarischen Version in Gebrauch war – Pál.

1896 wurde Attila geboren, sein Bruder Páli zwei Jahre vorher. Attila kam in der Attila ut, der Attilastraße, zur Welt. Woher sein Bruder Paul den Namen hat, weiß ich nicht. Aber auch dieser Vorname ist in Ungarn nicht selten, und mein Großvater hatte ja nicht erst seit der Übersiedlung nach Budapest eine enge Beziehung zu dem Geburtsland seiner zwei jüngsten Söhne. Paul war acht Jahre alt, Attila sechs, als die Familie nach Wien umzog. Das Ungarische, Sprache ihrer Kindheit, begleitete die Brüder bis in ihre letzten Lebenstage. Aber in der Wiener Schule war Deutsch gefragt, und das war nur eines von mehreren Problemen dieser Schulzeit. Später kamen die beiden jüngeren Brüder in Internate, dort haben sie dann ihre Matura ebenso gemacht wie schon zuvor die älteren Brüder Hans und Alfred. Attila hat in Waidhofen an der Thaya, in Niederösterreich, maturiert, Paul war Schüler des Stiftsgymnasiums von St. Paul im Lavanttal.

Wie sein Vater die Zither, so spielte Sohn Paul ein Leben lang die Ziehharmonika. Als seine Mutter, in hohen Jahren, ihre letzten Tage lebte, hat er ihr vorgespielt, sie hatte es sich gewünscht. Und wie er in der Wildschönau, der Heimat seiner Tiroler Ahnen, zu Besuch war, spielte er vor dem Haus der Vorfahren, dem Hörbighof.

59 Mit Onkel Paul und Cousine Monika
in Beatenberg

Er konnte ungemein liebenswürdig sein. Das ist wahrscheinlich ein Grund, warum ich gerne von ihm erzähle. Wie ich als kleines Mädchen nach dem Zweiten Weltkrieg in die Schweiz nach Beatenberg geschickt wurde, besuchte er mich mit seiner Tochter Monika.

Ein anderes Beispiel: Ich saß einmal, Mitte der Achtzigerjahre, mit Gerhard in Grinzing beim Heurigen. Es hat damals noch in dem einen oder anderen Lokal die typische Heurigenmusik gegeben, die klassische Schrammelbesetzung – entweder drei Musiker, Geige, Knöpferlharmonika, Kontragitarre, manchmal waren es sogar vier, mit einer zweiten Geige. (Paul Hörbiger war damals schon einige Jahre tot. Er hat sein Ehrengrab am Wiener Zentralfriedhof, und in der Halle, beim Abschied, spielte der herrliche Geiger Toni Stricker das Fiakerlied, das hat dem Paul ja wirklich niemand nachsingen können, so gut war er.) Diese Musiker bei dem Heurigen sahen uns, setzten sich dazu und spielten für uns, wie das Lokal schon fast leer war, kurz vor der Sperrstunde. Und dazwischen erzählten sie, auch von ihrer Arbeit einst bei der Wien-Film, im Studio in Sievering. Onkel Paul, erinnerten sie sich, sei so liebenswürdig und hilfreich gewesen. Die Musiker damals waren froh über jede Stunde im Filmatelier, und wenn der Drehtag dem Ende zuging, habe Paul Hörbiger immer wieder einen Texthänger gehabt, sich beim Singen geirrt. Schließlich habe er erklärt, diese Szene werde er erst am nächsten Tag drehen – damit die Musiker einen weiteren Drehtag und mehr Gage hatten. Dafür waren sie ihm sehr dankbar, denn in Wahrheit hätte Paul, der Perfektionist, auch noch um Mitternacht seine Texte beherrscht.

Paul und Attila waren Fußballnarren. Das lässt sich heute schwer beschreiben, das war in den Fünfziger-, Sechzigerjahren von weit größerer Bedeutung als heute. Namen aus dem legendären Wunderteam wie Sindelar oder Gschweidl waren noch lebendig, neue absolute Größen wie Ernst Ocwirk, Gerhart Hannapi, Körner I und Körner II haben den Alltag mitgeprägt. Ich bekenne, man mag es im letzten Satz bemerkt habe, dass auch ich ein Fußballfan bin. Aber lange nicht sosehr wie mein Vater! Ihm gelang es tatsächlich, in seine Verträge folgende Klausel aufnehmen zu lassen: Er müsse nicht auftreten, wenn zur selben Zeit ein Fußball-Länderspiel stattfände. In diesem Punkt waren sich die Brüder ebenso einig wie auf vielen anderen Gebieten.

Einmal war es aber anders. Da gab es einen ernsthaften Streitfall in ihrem Leben, auch davon ist schon oft erzählt worden. Der Bruder Alfred war gestorben, unerwartet und noch in jungen Jahren, und Paul Hörbiger meinte damals, die Witwe, also Pauls Schwägerin Martina Hörbiger, könnte mit diesem Tod etwas zu tun gehabt haben. Ein langjähriger Prozess war die Folge, und mein Vater stellte sich auf die Seite der Tante Martina. Nun trafen sich die Brüder nur mehr vor Gericht für einige Zeit.

Als wieder alles gut war, hat das ganz Wien mitbekommen. 1965 standen sie gemeinsam auf der Bühne, das war spektakulär! Ernst Haeusserman, der geniale Burgtheaterdirektor, hatte die Königsidee, Paul und Attila in Ferdinand Raimunds Zaubermärchen *Der Alpenkönig und der Menschenfeind* den Alpenkönig mit Paul Hörbiger, den Menschenfeind mit seinem Bruder zu besetzen. In dieser Inszenierung sollte ich mitspielen – dann hätte der Name Hörbiger die drei Mal auf dem Besetzungszettel gestanden –, aber ich ließ mich ja für *Kabale und Liebe* nach München beurlauben und ging anschließend nach Zürich.

Die Besetzung mit den Brüdern ist insofern von wirklicher Bedeutung – zur Erklärung für alle Leser, die das Stück nicht kennen –, als in einer großen Schlüsselszene der Alpenkönig als Doppelgänger der Hauptperson auftritt, jenes Menschenfeinds Rappelkopf. Das Stück gilt als eine Vorahnung von Sigmund Freud, und in der Szene, in welcher der eine Rappelkopf den anderen Rappelkopf zum Duell fordert, ist der Höhepunkt erreicht. Der Menschenfeind erkennt, dass er entweder im Duell siegreich bleibt, oder auch nicht – in jedem Fall dürfte er selbst nicht überleben.

60 Paul und Attila Hörbiger in »Der Alpenkönig und der Menschenfeind« von Ferdinand Raimund, Burgtheater Wien, 1965

Paul Hörbiger war aber tatsächlich kämpferisch veranlagt, nicht nur auf der Bühne. Er hat viel für den Widerstand im Dritten Reich getan. Er hat ihn mitfinanziert, auch mit großen Summen. Unglückseligerweise übergab er eine solche Geldspende einmal

nicht in bar, sondern als Scheck – die Sache flog auf und er wurde verhaftet. Da half ihm auch seine ungeheure Popularität nicht mehr, er saß im Gefängnis, wurde zum Tode verurteilt und kam nur ganz knapp davon. Das Kriegs- und damit Nazizeit-Ende hat ihn gerettet.
Die Nachricht von seiner Hinrichtung war schon im deutschsprachigen BBC-Programm zu hören gewesen. Vom 20. Januar bis 6. April 1945 war er im Landesgericht gesessen, auf seine Hinrichtung wartend.

ZWISCHENRUF: *»Das ist ein Thema, über das ich, lesend oder im Gespräch, zu erfahren bemüht bin, was irgendwie möglich ist. Ich habe den Mann, der damals, sehr jung, mit dem Fahrrad und dem Zug diese Spenden eingesammelt und den Widerstandsgruppen gebracht hat, vor vielen Jahren kennen gelernt und ihn immer wieder um seine Erinnerungen gebeten. Er hat nicht nur von deinem Onkel Paul diese Gelder abgeholt, auch andere Menschen aus diesem Beruf haben den Kampf gegen die Diktatur unterstützt. Ich erwähne das, weil solch ein Verdienst auch nach Jahrzehnten nicht vergessen werden soll und weil es dann also hier gedruckt steht und man etwas erfährt, worüber viele Jahre nicht gesprochen werden durfte.*
Dieser junge Mann mit dem Fahrrad – er ist in Salzburg zuhause und heute natürlich ein alter Herr – hat sich ja bis Mai 1945 wirklich etwas getraut. Ich nenne seinen Namen hier nicht, denn er hat stets Angst vor Anfeindungen gehabt. Es dauerte ja auch Jahrzehnte, bis man Widerstandskämpfer oder die Deserteure der letzten Tage und Wochen des Kriegs, oft halbe Kinder noch, nicht mehr als Verräter bezeichnet hat. Von manchem, der da Geld gegeben hat, würde man es vielleicht nicht vermuten. Da war nicht nur der Star Paul Hörbiger, da war auch der Opern- und Filmstar Leo Slezak, der sich in seinen Briefen an den Sohn

Walter in den USA, befördert via Schweiz, kritisch über das Regime geäußert hat. Auch Theo Lingen war in der Gruppe von Onkel Paul und so ständig in höchster Gefahr. Zu den Finanziers zählte weiterhin ein Schauspieler, den man aus vielen kleineren und größeren Filmrollen kennt, ein Komiker, Rudolf Carl. Dein Onkel Paul selbst hat später immer wieder seine Rolle im Widerstand heruntergespielt, aber andere haben ihn sehr für seinen Einsatz gelobt. Ich habe einmal bei einem kleinen Antiquitätenhändler ein Ölbild gekauft, das eine Aufschrift zu diesem Thema trägt: Dank einer Widerstandsgruppe.«

Wenn ich Onkel Paul in einem seiner zahllosen Filme sehe, bin ich fasziniert. *Hallo Dienstmann!* oder *Der Kongreß tanzt* oder *Der alte Sünder*, das sind nicht einfach gewöhnliche alte Unterhaltungsfilme, da findet man bedeutende schauspielerische Leistungen. Oder in der ORF-Produktion *Alles gerettet!* über den Brand des Ringtheaters in Wien, Helmut Qualtinger und Carl Merz haben dieses ungewöhnliche Drehbuch verfasst. Da spielt Paul den Komponisten und Theatermusiker Joseph Hellmesberger, der Papa gibt den Grafen Lamezan, der die Wiener Rettungsgesellschaft begründet hat. Beide Brüder sind so gut, dass ich immer wieder genau schaue, ob nicht irgendein Gedenktag ein Wiedersehen mit diesem außergewöhnlichen Werk bringt.

Fazit: Der Onkel Paul – nah und doch fern. Durch die vielen Filme, die das Fernsehen bringt, eine permanente Erinnerung an meine Kindheit und frühe Jugend.

Lesen

Ich lese, Tag für Tag, Abend für Abend. Leider auch hin und wieder Nacht für Nacht. Lieber würde ich schlafen, aber wenn das nicht geht, lese ich. Wach herumliegen und auf Schlaf warten, das kann ich nicht.
Vor einigen Jahren machten Gerhard und ich bei einer Kampagne für mehr Lesen mit. Dazu gab es ein Foto: wir beide, nebeneinander auf einer langen bequemen Bank sitzend, lesend, klar. Wir sollten jeder einen eigenen Text beisteuern, der neben unseren Armlehnen abgedruckt wurde. Gerhard sagte damals, ich weiß es noch genau: »Mein Fernsehapparat hat fünfunddreißig Programme. Mein Buchhändler fünfunddreißigtausend.«

ZWISCHENRUF: »*Ich wollte, ich hätte das genauso gesagt. Habe ich aber nicht, leider. Bei mir hat es geheißen:* ›*Mein Bücherkasten hat achttausend.*‹ *Dein Text ist besser, als es der meine war. Der könnte auch in ein Kapitel* ›*Lachen*‹ *passen. Du hast damals geschrieben – und verlangt, dass es auch in dieser Weise wiedergegeben wird:*

›Ich kann ins Bett gehen –
ohne Abendessen
ohne Mann
ohne Schokolade
ohne Schlaftrunk
ohne Fernsehen
aber nicht ohne Buch.‹«

Danke. Unnötig zu sagen, dass mir dies bei meinen häufigen Buchhandlungsbesuchen sehr genützt hat.

Diese Leidenschaft habe ich von meinen Eltern geerbt. In ihrem Haus in Grinzing gab es hohe Wände voller Bücher, oft in zwei Reihen hintereinander, was das Auffinden eines bestimmten Bandes zum Glückstreffer machte. Darunter zahlreiche Werke, die Signaturen, ja Widmungen der Autoren für meine Eltern trugen, in manchen fand man unversehens auch einen Brief des Autors, so von Fritz Kortner, Arthur Schnitzler, Friedrich Torberg. Manchmal konnte man aus einer dieser hinteren Reihen ein Buch ans Tageslicht holen, das noch in der Verpackung der Buchhandlung steckte, seit vielen Jahren. Denn im März 1938, als Österreich als eigenständiger Staat von der Landkarte verschwand, wurde heftig eingekauft. Frau Ehrenstein, die Sekretärin meiner Eltern, durchstreifte in diesen Tagen die Buchhandlungen und Antiquariate Wiens auf der Suche nach Österreichischem. Da wurden Austriaca aller Art erworben, Bücher, Stiche, Plakate, Straßenverzeichnisse aus dem Biedermeier, Briefsammlungen.

Ich bin sicher einmal pro Woche, manchmal auch öfter, in einer Buchhandlung. Denn – siehe oben. Natürlich lese ich sehr oft Drehbücher, aber davon ist ja hier nicht die Rede.

Ich lese fast nur Romane, möglichst neue. Mit Vorliebe Krimis, hin und wieder auch eine Biografie. Und natürlich Gerhards Bücher. Sie sind mir oft schon vertraut, bevor sie erscheinen. Er spricht ja von seiner Arbeit. Wenn er erzählt, bevor er zu schreiben begonnen hat, warne ich ihn – vor lauter Erzählen findet dann das Niederschreiben eventuell nicht mehr statt.

Auch in Los Angeles kann ich lesen. Im Haus von Sascha und Laura wird sehr viel gelesen und ständig geschrieben. Das ist ja ein Hauptteil von Saschas Arbeit, das Schreiben von Drehbüchern.
In seinem Erbgut hat Sascha das Wort in jeder Form – als Sohn eines Journalisten und einer Schauspielerin. Auch sein älterer Halbbruder Robert gibt dem Wort und damit wohl auch dem vom Vater geerbten Schreibtalent breiten Raum in seiner Arbeit, er ist Kunsthistoriker.
Sascha hat einen ausgeprägten Sinn für Pointen, das kommt ihm beim Schreiben seiner Drehbücher ebenso zugute wie bei der Regie. Er war auch nach dem Tod seines Vaters weiter ständig von schreibenden Menschen umgeben gewesen, Freunden wie Will Tremper. Und dann trat ja Gerhard in unser Leben, der unentwegt an einem Buch, einem Programmheft, an Leseprogrammen arbeitet.
Dieses Buch und die damit verbundene Aufforderung, mich zu erinnern, hat dazu geführt, dass ich Fritz Kortners Bücher *Aller Tage Abend* und *Letzten Endes* gelesen habe und die Friedrich Torbergs neu entdecken konnte.
Dabei fand ich eine Besprechung von Torberg über Gerhart Hauptmanns *Vor Sonnenuntergang*, wo ich 1964 neben Ernst Deutsch auf der Bühne gestanden bin. Ich komme gut weg.

Oder eine Stelle in einer Kritik von Ferdinand Raimunds *Moisasurs Zauberfluch,* ebenfalls im Burgtheater, 1960. Da lese ich, Ernst Anders und ich hätten gespielt »mit gewinnender Herzlichkeit, Fräulein Hörbiger auch noch mit überraschend handfestem Humor«. Diese Kritik hatte ich noch in Erinnerung. Bald danach las ich keine Besprechungen meiner Premieren mehr, denn nach meinen ersten handfesten Verrissen vermied ich ja, aus Angst, diese Lektüre.

Zum Thema Lesen gehört bei mir auch das Vorlesen: Noch in Zürich hatte ich intensiv damit begonnen. Ich wollte nicht warten, wie zuvor, bis man mir anbot, diesen oder jenen Text zu diesem oder jenem Anlass vorzutragen. Ganz besonders nach Rolfs Tod stellte ich meine eigenen Programme zusammen, auch, weil ich das Geld brauchte.
Der Direktor des Bernhard-Theaters, Eynar Grabowsky, hatte mich auf diese Idee gebracht und mir auch gleich die ersten Termine für meine eigenen Leseprogramme angeboten. Das allererste hieß *Männer und Frauen – Frauen und Männer,* mit Texten von Peter Altenberg, Mascha Kaléko, Alfred Polgar.
Bald danach, 1979 oder 1980, war es *Montauk* von Max Frisch, eine seiner späten Erzählungen. Jedenfalls hat mir diese Idee damals die Gelegenheit gegeben, den großen Dichter kennen zu lernen. Er hat noch außerhalb von Zürich gewohnt, später ist er ins Stadtzentrum gezogen.
Wenn man Hochwälder, Dürrenmatt, Frisch persönlich erleben durfte, ist der Eindruck selbstverständlich ganz anders, als wenn man sie nur durch ihre Werke kennt. Von diesen dreien war mir Max Frisch bis zu dieser Begegnung eine sehr theoretische Erscheinung gewesen. Mit Dürrenmatt konnte man schnell zu

einem guten Gespräch kommen, zu einem wirklichen Kontakt. Frisch wirkte auf mich sehr förmlich. Hans Mayer schrieb über ihn, er sei »ein Künstler der Verwandlung, ein Meister des Verschweigens«. Umso dankbarer bin ich heute noch für unser gutes Gespräch zum Thema *Montauk*.
Wieder ganz anders sind die zahllosen und fast immer sehr stimmungsvollen Matineen und Abende im Advent. Manchmal lese ich gemeinsam mit Gerhard bei solchen Gelegenheiten – in Wien im Ronacher oder im Theater an der Wien, in Graz im Stefaniensaal, in München im Prinzregententheater.
Aber meistens sitze ich alleine mit fünf Musikern und einem Weihnachtsbaum auf dem Podium. Der Abend in der Semperoper in Dresden! Auf ihn bin ich richtig stolz. Und ebenso auf das Adventwochenende in Hamburg, in der Hauptkirche St. Michaelis! Dort war jahrelang Heinz Rühmann, Advent für Advent, der Star, ihm folgte Helmut Lohner, und, wie ich höre, war er es, der mich für seine Nachfolge ins Gespräch gebracht hat.
Da ist nichts mit Erfahrung und schon gar nichts mit Routine – intensive Vorbereitung und dennoch große Aufregung, die ist nicht zu vermeiden.
Und es bleibt die ewige Angst: Habe ich alle Textseiten, meine Brille? Werde ich gut zu hören sein? Kommt das Programm beim Publikum an?
Im Advent zu lesen, bedeutet sicher auch, die Menschen unterhalten zu wollen, aber noch mehr, sie auf andere, den vorweihnachtlichen Tagen entsprechende Gedanken zu bringen. Es gibt dafür so wunderbare Geschichten, ich habe selbst viele gesammelt, auch einmal eine kleine Betrachtung zu dem Thema niedergeschrieben. Und es bedeutet nicht zuletzt, sich selbst zum

Denken anzuregen, über Toleranz, Menschenliebe, Hoffnung, Erlösung. So hat die Adventlesung etwas von innerer Einkehr, sie hilft auch mir selbst. Die Botschaft, die ich weitergeben möchte, erreicht auch mich, die Lesende.

ZWISCHENRUF: »*Hier möchte ich noch meinen kleinen Kommentar anbringen. Christiane H. liest für sich privat fast ausschließlich Neues, eben erst Erschienenes. Sie geht in eine Buchhandlung, sucht und findet auch gleich die Ecke mit den Neuerscheinungen, und jetzt wird eingekauft. Sind junge Autoren aufzuspüren, vergessene wieder zu entdecken, so ist sie überhaupt in ihrem Element, sie hat Jagdinstinkt entwickelt. Bevor ich noch die Kritiken und Referate zu einer gerade aufgekeimten Hoffnung oder Wiederentdeckung der Literatur gelesen habe, kennt sie meistens schon die Hoffnungsträger. So habe ich zum ersten Mal von ihr manche Namen gehört, Geiger, Glavinic, Marai, noch vor dem Lawineneffekt des Bestsellerrufs.*«

Lesen ist eben für mich ein ungemein wichtiges Thema. Wie oft habe ich mit dem kleinen Sascha gelesen, morgens, abends! Mit Luca lese ich natürlich auch. Er bringt mir, was er gerne hören möchte, und ich lese ihm vor. Ich gestalte, gebe den handelnden Personen verschiedene Stimmen, wozu hat man es denn gelernt. Dann sinkt das Köpfchen meines Enkelkindes auf meine Schulter, bis zur nächsten literarischen Forderung. Und ich bin glücklich.

Fazit: Lesen ist wach bleiben, neugierig bleiben, froh sein.

LUCA!!!

Als wir in Wien die Nachricht bekamen, es könne sich nur um Tage handeln, dann würde ich mich über meinen Enkel freuen dürfen, ging ich nur noch mit diesem einzigen Gedanken durch Wien. Dann war es also so weit, wir machten uns auf den Weg nach Los Angeles, aufs schnellste.

Einige Monate später dann der Gegenbesuch, Luca ist schon fast erwachsen, wie wird er nun aussehen? Die Spannung am Schwechater Flughafen ist nicht zu ertragen. Wieso geht die automatische Tür nicht auf – da, endlich, Luca, Laura, Sascha! Ich gehe auf den fünf Monate alten Buben zu, er lacht übers ganze Gesicht, ich weiß, das muss die Wiedersehensfreude mit der Großmutter sein und kann viele Male hintereinander nur sagen: »Das ist ja der Luca, der Luca, ja ja, das ist der Luca, das ist der Luca, das ist –«

Bis ich Gerhard hinter mir sagen höre: »Jetzt weiß er schon, wie er heißt.«

Dieses Leben zwischen Gepäckkontrolle und dem Warten, dass die Türe aufgeht, das begleitet uns und wird uns wohl immer

61 Mit Luca in der Himmelstraße

begleiten. Das bringt der Beruf mit sich, wir alle haben ja solche verwandten Tätigkeiten, spielend, schreibend, Regie führend und jetzt auch noch die ewigen Reisepläne Österreich – Kalifornien. Wieder im Flugzeug nach Los Angeles. Ich reise nicht mehr so gerne wie vor langer Zeit, siehe die entsprechenden Seiten in diesem Buch. Doch wenn ich nicht jetzt zu Sascha und seiner Familie reise, habe ich frühestens in ungefähr fünf Monaten wieder die Chance dazu, dann hätte ich meinen Enkel Luca ein ganzes Jahr nicht mehr gesehen, dann wäre er dreieinhalb Jahre alt ... Gerhard rät mir dringend zum Flug nach Los Angeles. »Dir fehlt ein ganzes Jahr an Eindrücken von Luca, wenn wir jetzt nicht losziehen!«

Ich weiß schon, die eigenen Enkelkinder sind nicht zu überbieten. Alle Großeltern, die das jetzt lesen, können sich dabei ja ihren eigenen Luca vorstellen, ob männlich, ob weiblich.
Ich bin ganz närrisch vor Freude, Vorfreude auf Laura, Sascha, Luca.
»Was werdet ihr denn zu Silvester machen?«, hat mein Sohn mich am Telefon gefragt.
»Mit Luca den Donauwalzer tanzen«, war meine Antwort, die in einen klassischen Freudschen Versprecher gemündet ist: »Und wir machen für euch Kidnapping.«
»Was, Mama, wie bitte?«
»Äh, Babysitting.«
Kidnapping hätte ohnehin keinen Sinn, ich weiß, von der juristischen Frage ganz abgesehen. Und einige Wochen pro Jahr sehe ich meinen Enkel ja doch fast täglich. Wenn er seine Neigung zur Produktion von Pointen bewahren kann, über die glücklicherweise noch ferne Pubertät hinaus, sehe ich ihn einen Beruf in der Tradition seines Vaters ergreifen, Theater, Film, Buch. Zwar ist auch Laura, Lucas Mutter, als Kamerafrau in einem verwandten Beruf tätig, aber ihr Vater und ihre Brüder sind Juristen. Freilich, auch als Jurist könnte er einmal seine Fähigkeit, Lachen zu erzeugen, gut brauchen.

Familienbesuch in Wien. Wir treffen uns vor dem Stephansdom. Die Fiaker, vor allem die Pferde, haben es meinem Enkel angetan. Nun wird in den Prater gefahren, zum Spaziergang, zum Kaffee im Lusthaus.
Luca läuft den Tauben nach, jetzt wird er an der Mutterhand in Richtung Fiaker geführt. Er kann sich von den Tauben nicht trennen, winkt ihnen zum Abschied, und selbst als er schon im

abfahrenden Fiaker sitzt, dreht er sich zu ihnen um und ruft den Tauben zu: »Byebye, pigeons!« Vielleicht ist ein Kind in der Lage, die Sprache der Tauben zu verstehen, vielleicht haben sie ihm ja auch etwas zum Abschied zugerufen, wer weiß es.
Von Pferden ist Luca so begeistert, dass er selig ausruft: »Horses!«, selbst wenn er sie nur auf einem entfernten Plakat sieht oder im Fernsehen. Als er einmal mit seinen Eltern im Wurstelprater war und dort auf dem Rücken eines echten Pferdes saß, hat er uns von weitem zugerufen, so viel konnte er immerhin mit knapp zwei Jahren schon: »Luca riding h-i-gh!«

ZWISCHENRUF: »*Was ich nicht verstanden hätte, aber weil ich vor einigen Jahren die* Cole Porter Show *inszeniert habe – da kommt ein Song vor: ›Riding high!‹ –, war mir klar: Luca ist geritten.*«

Ja, gut, Gerhard. – Luca wächst übrigens zweisprachig auf, beinahe dreisprachig, denn die Frau, die ihn betreut, wenn beide Eltern arbeiten, ist Mexikanerin. Sie heißt Maria, spricht vor allem spanisch, und so gehörte zu Lucas allererstem Wortschatz auch »Luz!«. Jetzt kann er wohl auch schon stattdessen »Licht!« sagen. Sascha hatte ja ebenfalls eine Maria, dank der er zweisprachig aufwuchs – mit Zürichdeutsch und Wienerisch.
Jetzt sitzt Luca am Boden und malt mit Buntstiften auf ein großes weißes Papier. Sein Vater spricht ihn auf Deutsch an und fragt: »Welches ist der rote Stift?«
Luca schaut, denkt nach, nimmt den roten und sagt: »Rot!« Und wieder fragt Sascha: »Und wo ist der grüne?« Manchmal irrt sich Luca, dann folgt ein zweiter Versuch, jetzt stimmt es wieder, und so geht es weiter: »Hast du auch einen blauen?« Luca hält den

blauen Buntstift hoch: »Blau!« Und sieht mich an und sagt abschließend: »Deutsch!«
Als ich mich einmal von seinen Eltern für längere Zeit verabschiede, meine Schwiegertochter umarme und sage: »God bless you!«, hat Luca etwas gelernt und sagt zum Abschied nur mehr: »Bless you! Bless you!«
Nun ist auch Elisabeth schon lange Großmutter, ihr Enkel heißt Attila, und Maresa ist in jeglicher Hinsicht die jüngste Großmutter von uns drei Schwestern, mit einem kleinen Samuel.

Dass eine Mutter sich freut, wenn ihr Kind Vater oder Mutter wird und alle gesund sind, ist ja selbstverständlich. Ich freue mich aber über Luca auch, weil er der Enkel von Rolf ist, Saschas vor dreißig Jahren verstorbenem Vater.
Lucas Hände erinnern mich manchmal an Rolf. Einen Vergleich mit Sascha ziehe ich nicht. Ich empfinde Sascha ebenso wie seinen Sohn Luca als komplett eigenständige Wesen, die solche Vergleiche nicht notwendig haben, deren Würde diese Vergleiche nicht zulässt.

Eine Woche vor dem Heiligen Abend ist Luca zur Welt gekommen, zur kalifornischen Welt, in Los Angeles. Also waren auch wir sehr schnell in der kalifornischen Welt, und wir sind über Weihnachten geblieben. Zudem hatte Saschas Schwiegervater einen runden Geburtstag zu feiern, wir haben mitgefeiert, aber der Mittelpunkt des allgemeinen Interesses war natürlich der gerade geborene Luca.
Wir verbrachten die letzten Tage vor der Reise nach Los Angeles damals, im Dezember 2004, in Zürich. Wir hatten zwar viel zu tun, aber natürlich haben wir ständig von Sascha und seiner klei-

nen Familie gesprochen, haben uns gefreut, und da fiel uns in der Auslage eines großen Spielzeuggeschäfts ein Teddybär auf, der von Fotos und Erklärungen umgeben war, es war ein ganz spezieller Teddy. Dass ein erst wenige Tage altes Kind für einen Teddy noch nicht das rechte Alter hat, war uns wohl klar, aber wer weiß, wie lange es bis zum nächsten Mal Los Angeles und Luca dauern würde. Der besondere Bär wurde also erworben. Er sollte sprechen können, maximal zwanzig Sekunden lang mit unseren Stimmen.
Jetzt musste es schnell gehen – ein Aufnahmegerät von sehr einfacher Art mitnehmen, leihweise, den kurzen Text aufsprechen. Aber zuerst musste gedichtet werden. Gerhard setzte sich ins nächste italienische Lokal und schrieb: »Ich bin dein Bär und mag dich sehr. Ich komme von Oma und Opa, aus Europa.« Auf Zürich oder Wien oder Baden war ihm in der Eile kein brauchbarer Reim eingefallen, so blieb es also bei »Europa«. Nun verteilten wir die einzelnen Wörter auf uns beide und suchten einen geeigneten Platz für die Tonaufnahme. Das wurde schwierig. Nach Hause war es zu weit, und rund um uns war Geschirrklappern oder Verkehrslärm, also zurück in den Spielzeugladen. Dort gab es einen Lagerraum, dessen Gang sich als Studio eignete. Leider werden Lagerräume auch benutzt, so ging die Türe immer wieder auf, erstaunte Blicke des Personals auf die Eindringlinge. Gerhard hatte in unserer professionellen Nervosität vergessen, wo wir uns befanden und zischte die eine oder andere Angestellte ungehalten an: »Ruhe, wir arbeiten!«
Aber dann war es so weit, der Originalton wurde von der zuständigen Fachkraft dem Teddy übergeben, und wenn man jetzt auf seinen Bauch drückte, hörte man Christiane H. und Gerhard T.:

»Ich bin dein Bär etc.«, womit wir auch vom ersten Tag an zu Lucas Zweisprachigkeit beigetragen haben. Ob er den Bären noch hat? Mit mittlerweile drei Jahren? Und ob er noch spricht, der Teddybär?
Wir bekamen damals vom Tourismusdirektor des Burgenlands eine Weihnachtskarte, die einen Storch zeigte, den trifft man in diesem österreichischen Bundesland häufig. Doch das war ein besonderer Storch, er hatte eine rote Zipfelmütze auf dem Kopf, er stand im Schnee – der Storch als Weihnachtsmann, im Falle von Kalifornien als Santa Claus. Ein kurzes Telefongespräch, dann hatten wir viele dieser Storchenkarten, sie dienten als Anhänger für die Geschenke am Heiligen Abend.

Gerhard hat meinem Enkel, in Erinnerung an dieses Weihnachtsfest mit dem gerade erst sieben Tage alten Kind, eine Geschichte gewidmet, die zu Weihnachten spielt. Es ist ein Monolog dieses Neugeborenen, gehalten am ersten selbsterlebten Heiligen Abend. Und er hat die Geschichte nicht unter seinem Namen, sondern unter dem Pseudonym Luca J. Bigler erscheinen lassen.
Wenn Luca also eines Tages lesen kann, wird er erstaunt feststellen, dass es einen Schriftsteller gibt, der genauso heißt wie er, und dann wird er draufkommen, dass er selbst dieser Schriftsteller, der Urheber des Monologes ist.
Zur Zeit ist die Schriftstellerei für Luca noch nicht von Bedeutung. Sein großes Interesse gilt eher der Maschinenwelt seines Ururgroßvaters Hanns Hörbiger. Was immer mit Rädern und Schienen zu tun hat, fasziniert ihn. Natürlich hat da sein Vater Sascha die Basis geschaffen, heftigst unterstützt von Großvater Gerhard, einem weiteren Eisenbahnnarren. Lucas Lokomotiven sind etwas irgendwie Besonderes, sie haben Gesichter und

Namen, es gibt sie auch als Buch und Fernsehserie. Davon verstehen die drei Herren mehr.

Gerhard ist zwar nicht der leibliche, sondern, wie er es nennt, der synthetische Großvater. Aber manchmal hat man das Gefühl, Luca habe auch von ihm etwas geerbt. Beide Herren haben eine starke Neigung zur Gastronomie. Damit meine ich nicht Wilhelm Buschs »Jeder Jüngling hat nun mal den Hang zum Küchenpersonal«. Luca ist eher am Gasthaus als solchem interessiert, in der Folge hat er es auch mit Kellnern und Serviererinnen. Die beiden Stammgasthäuser in Wien, ein italienisches Lokal und ein sehr wienerisches Gasthaus am Lugeck, haben ihn auch sofort ins Herz geschlossen, schon nach dem ersten Besuch. Da wird, wenn wir reserviert haben, an seinem Platz vor dem vorbereiteten Kindersessel Spielzeug aufgebaut, eigens besorgtes, das er am Tag vor der Heimreise geschenkt bekommt. Der Herr Ober winkt ihm verzückt nach, und Luca ruft wehmütig immer wieder »Ciao! Ciao!«, mit deutlich erkennbarem Abschiedsschmerz. Mit zweieinhalb Jahren ...

Bei unserem Besuch in den Tagen, da ich an diesem Buch schreibe, war Luca also gerade drei Jahre alt geworden. Er erzählt ständig, kann eindrucksvoll konzentriert seine vielen Bücher betrachten, er liebt Musik, jedenfalls Rhythmus. Seine Eltern unterstützen diese Neigungen, sie schicken ihren Sohn in einen Kindergarten, in dem heftig musiziert wird. Und sie gehen mit Luca einmal in der Woche auf einen Markt, *farmers market*, auf dem man nicht nur Bauern, sondern auch Musiker trifft. Da steht mein Enkel dann bewundernd vor einem mexikanischen Sänger und trommelt mit einer Truppe aus Jamaika, während ein älterer Mann in einem T-Shirt mit kyrillischer Aufschrift sich mit

geschlossenen Augen im Solotanz dreht, ein anderer seinen Leguan wie unsereiner die Hauskatze auf dem Arm hat. Auch ich komme, dank Luca und seiner Kunstbegeisterung, zu ungewöhnlichen Erfahrungen.
Seit einigen Tagen habe ich einen etwas lädierten rechten Daumen, durch zu heftiges Banjospiel. Luca besitzt ein Instrumentarium für ein kleines Orchester, er selbst ist für jede Art von Trommel zuständig. Mir hat er sein Banjo zugeteilt, dessen Nichtbeherrschung sich an dem Daumen rächt. Da sitze ich also auf dem Fußboden, tue so, als könnte ich ein Instrument spielen, mir gegenüber sitzt ein älterer Herr mit weißem Vollbart und bemüht sich um glaubwürdigen Einsatz eines Tamburins. Und mein Enkel haut auf die Trommel auf Teufel komm raus, während seine Eltern sich entnervt in die Küche geflüchtet haben. Ich habe kein Mitleid mit ihnen, sie haben ja diese häusliche Musikwaffenkammer eingerichtet. Zudem, das wird eines Tages zu wirklicher Musik führen, und dann werden sie die Nutznießer sein.
Das Konzert geht zu Ende, nun wird zu Abend gegessen. Luca erklettert seinen Kindersessel, setzt seinen Charme ein und bittet die Tafelrunde: »Ich bin so klein, helft mir in den Sessel!« In Englisch, selbstverständlich. Aber auch auf Deutsch wird er so etwas bald sagen können. Zur Zeit ist seine Lieblingsmeldung in der Sprache Goethes: »Na klar!«
Das hat er von einer Maus gelernt, die der Star eines Verkehrserziehungsbuches ist, das auf Knopfdruck auch sprechen kann.

Fazit: Luca ist die größtmögliche Form in meinem Leben, seit er auf der Welt ist, glücklich zu sein.

Mein Gästebuch

Wenn ich in dem umfangreichen Buch blättere, diese vielen Seiten, die fröhlichen, trockenen, beschwipsten Unterschriften betrachte, kommt mir vieles in den Sinn ...
Rolf und ich heirateten im Sommer 1967. Ein Jahr später kam Sascha zur Welt. Das Haus, das wir dann viele Jahre lang bewohnten, hoch in der Altstadt von Zürich, wurde damals gerade restauriert, unsere Wohnung war noch nicht beziehbar.
In dem obligatorischen Fotoalbum – meistens steht vorne drauf »Unser Kind!« oder etwas Ähnliches, in Saschas Fall ist es eine Zeichnung – notierte ich auf der ersten Seite:
»Am 30. Juli 1968, also 11 Tage alt, flog Sascha von Zürich nach Wien, weil unser Haus in der Frankengasse noch lange nicht einzugsbereit war. Er verbrachte die ersten viereinhalb Monate seines Lebens in Grinzing, bei seinen Großeltern und Eltern. Am 3.12.68 holte ihn Frau Maria nach Hause. Am 25. Dezember ›hörten‹ wir den ersten Zahn.«
Und zu diesem ersten Weihnachtsfest in dem mittlerweile renovierten Haus ist auch das Gästebuch aus der improvisierten

Wohnung in Rüschlikon an die neue Adresse umgezogen, »übersiedelt« auf Österreichisch, »gezügelt« sagt die Schweiz. Seinen Dienst getan hatte es schon seit geraumer Zeit, Freunde hatten es uns bald nach der Hochzeit geschenkt. Die ersten Eintragungen stammen aus dem August 1967. Der allererste Name, den ich hier wiedersehe, ist jener der Spenderin des Buches, Christl Frisch, verwandt mit Karl von Frisch, Nobelpreisträger, genannt der »Bienen-Frisch«. Und der erste Gästename gehört dem Zeichner und Karikaturisten Fritz Behrendt. Der Berliner arbeitete oft und gerne mit und für Rolf, sie waren auch weltanschaulich auf einer Linie. »Das Boot ist voll«, diese unerfreuliche Erinnerung an die Zeit vor 1945 war ihnen ein gemeinsames Dauerthema, um nur ein kleines Beispiel zu nennen.
Die »Weltwoche« hat 1969 einen schönen Band mit Behrendt-Zeichnungen herausgegeben, in der Einleitung liest man: »Die Liebe zum Menschen, der Kampf gegen das Unrecht, aber auch die scharfe politische Analyse haben Behrendts Ruf und Rang in der Weltpresse bestimmt.«
Behrendt war nicht nur ständiger Mitarbeiter der »Weltwoche«, Chefredakteur Rolf R. Bigler, er zeichnete jeden Tag auch für eine Amsterdamer Zeitung, erschien sehr oft in der »New York Times«.
Und ebenso auf der ersten Seite lese ich »Mami« und »Attila«, »Goschi« und »Maresa« und »Elisabeth«. Die ganze Familie war bei uns, in Saschas ersten Tagen, einschließlich der Cousine Goschi, Tochter von Mamas Schwester.
Bald danach steht da »Ingrid + Peter Weck«, daneben »Karin Kielhausen«, die ganz frühe Freundin, die es von Grinzing nach Athen gezogen hat.
»30.XI.1968 Gretl Schörg.« Ihr Name findet sich auch an eini-

gen anderen Tagen. An sie denke ich gerne, sie war auf der Bühne glänzend, sie war schön und ungemein humorvoll. In ihren letzten Monaten lebte sie im Hilde Wagener-Heim in Baden bei Wien, das souverän geleitet von der Kollegin Lotte Tobisch zu einem Psychotop für sensible, nicht mehr so junge Theatermenschen geworden ist. Die Aktion »Künstler helfen Künstlern« hat es seinerzeit gegründet, eine sehr verdienstvolle Tat.

»J. R. v. Salis« – Jean Rodolphe von Salis, aristokratischer Weltbürger, prominenter Historiker und durch seine allwöchentlichen Berichte von Radio Beromünster in den Jahren des Hitler-Regimes eine moralische Instanz ersten Ranges. Er hat von 1939 bis 1945 Informationen von der Schweiz aus tief in den deutschen Sprachraum weitergegeben, die abzuhören schwerst bestraft wurde. Sein Autogramm findet sich nicht nur im Gästebuch, sondern auch in einem seiner eigenen Bücher – da steht die Widmung »Für Christiane Hörbiger. In Bewunderung und Freundschaft. Januar 1985 – Jean R. v. Salis«. Diese Freundschaft war mir, war uns, sehr viel wert. Er wurde sehr alt, war ein ungemein kenntnisreicher und fröhlicher Gesprächspartner, zuerst für Rolf, später auch für Gerhard.

Sicher kennt man noch den Namen Curt Riess. Es ist sehr wahrscheinlich, dass die meisten Leser ein Buch von ihm in ihrer Bibliothek haben, so viele hat er geschrieben. Hier steht sein Name, und der vor den Nazis in die USA geflohene Jude Riess hat zu vorgerückter Stunde darüber geschrieben: »Obergruppenleiter der SS«.

Neben seinem Namen lese ich den seiner Ehefrau Heidemarie Hatheyer, und darunter stehen die Signaturen der Freunde aus Wien, Hans und Michaela Jaray, im Dezember 1968.

Zu Silvester sind sie wieder hier, ebenso das Ehepaar Salis, das Ehepaar Fritz und Susi Hochwälder, die Journalistin Inge Santner, und ich wundere mich, wie wir das geschafft haben. Rolf hat gearbeitet, ich habe gearbeitet, das Haus hatten wir gerade erst bezogen. Sascha wird uns nicht nur mit seinem ersten Zahn auf Trab gehalten haben, wir jedoch konnten eine Neujahrseinladung geben!

Das war ganz sicher nur möglich dank der unermüdlichen Hilfe von Frau Maria, die unser Leben in Zürich durch fast zwanzig Jahre begleitet und verschönt hat, wenn sie gerade nicht auf Urlaub in Wien war, nahe dem Donaukanal, am Schüttel beim Prater – für die eingeweihten Kenner Wiens.

Da finde ich im Gästebuch den Schauspieler René Deltgen, den Dichter Peter Bichsel, die Komponisten Peter Kreuder und Charly Niessen, Otto und Renee Schenk, Lilli Palmer und ihren Mann Carlos Thompson, Michael Kehlmann, Johannes Mario Simmel, Anneliese Rothenberger, Karl Paryla und immer wieder die Wecks, Herrn und Frau von Salis, die Hochwälders.

Am 6.1.1970 liest man den Namen der Schauspielhauskollegin Grete Heger, und darüber den Satz »Darf ich wiederkommen?«. Zwei Tage später haben wir einem anderen Gast dieses Buch aufgezwungen, und so lese ich: »Muss ich wiederkommen? Gerd Bucerius.« Dieser beantwortete seine Frage allerdings gleich daneben selbst: »Ja!«

Ganz zahm steht da am 26.1.1970: »Lotti und Friedrich Dürrenmatt.« Damals bereitete der längst berühmte Dichter am Schauspielhaus seine Inszenierung von Georg Büchners *Woyzeck* vor, ich war die Marie. Nie wieder wird der Name des großen Schweizer Autors in diesem Buch so einfach und halb versteckt zu finden sein.

Ab da gibt es übermütige Zeichnungen und Autogrammvariationen und verschiedene Versionen seines Namens: »Friedrich Reinhold Dürrenmatt« und »Cherubin Friedrich Dürrenmatt«. Einige Monate später, da führte er gerade am Schauspielhaus bei *Urfaust* Regie, mein Vater war als Gast engagiert und an diesem Abend auch Gast im Haus seiner Tochter, stellte sich Dürrenmatt als rauchenden Papst dar und signierte mit dem Namen seines sehr katholischen Dichterkollegen Paul Claudel.

Ein anderes Mal leiht Fritz Dürrenmatt sich ein anderes Pseudonym und firmiert unter der Feststellung »Morgenstund hat Gold im Mund« als eine Dichterin namens Ebner-Eschenmatt. Er tobt sich aus, das muss ich nicht beschreiben, das will ich lieber zeigen.

62 Aus meinem
Gästebuch

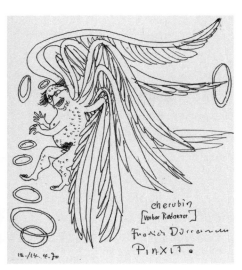

63 Mit Vater Attila und Sohn Sascha in Zürich

An demselben Abend waren also auch Papa und Mama bei uns, und so steht da nur der Name »Attila«, und über Dürrenmatts Papst finde ich in würdevoller Haltung meine Mutter: »Danke, ganz außerordentlich! Mami.«

Selbst Anneliese Rothenberger, die absolute Dame, verehrte Freundin vieler Jahre, zeigt auf den Seiten meines Gästebuchs manchmal eine Neigung zum Übermut. Zu »Sylvester 1970« hat sie sich mit »Anneliese Rothenburg ob der Tauber« eingetragen. Am 16.2. und mit der Bemerkung »Und schon wieder!« am 17.2.70: Helmut Lohner. Er wird noch viele Jahre »Und schon wieder« dieses Gästebuch vorgesetzt bekommen.

Bald danach waren die Schenks wieder einmal bei uns zu Gast – Frau Maria war ja wirklich auch eine gute Köchin, nicht nur ein gutes Kindermädchen. Da steht nun: »Keine Einfälle, schon am Theater nicht, geschweige denn im Gästebuch. Otto Schenk.« Was ich ihm alleine an Einfällen verdanke! Im Sommer dieses Jahres 1970 lese ich mehrmals die Namen von Johanna von Koczian und ihrem Ehemann Wolf Kabitzky, und ich frage mich, wie ich im Juli und August in Zürich hatte sein können, da gehörte ich ja immer voll und ganz den Salzburger Festspielen. Mag sein, ich war nicht dabei, an diesen frohen Abenden, oder ich lebte einige Wochen lang als Pendlerin.

5.3.1972: Helmut Qualtinger hat sein Selbstporträt in unserem Gästebuch hinterlassen.

31.5.74: Ein Satz in Hebräisch, ich kann ihn leider nicht lesen. Darunter: »Ephraim Kishon. Torbergs einladen!« Da wollte er für seinen Übersetzer ein Tor öffnen, das indes ohnehin weit geöffnet war.

Wenige Seiten weiter klebt eine Ansichtskarte von Prag, auf der Torberg seinen Besuch in Zürich ankündigt und sich für den Tipp bedankt, den offenbar Rolf ihm gegeben hat. Es geht um ein chinesisches Restaurant, das sehr gut gewesen sei.

Bald danach war Friedrich Torberg abermals zu Gast, er hatte sich zu Silvester 1974 eingetragen, neben seinem steht der Name des damaligen Stadtpräsidenten von Zürich, Sigi Widmer. Er hatte an diesem Abend, ich erinnere mich gut, nicht den Politiker herausgekehrt, sondern den Historiker, seinen Hauptberuf, und war ein anekdotenreicher Unterhalter.

Kishon war damals mehrmals bei uns zu Gast, kein Wunder, er führte Regie, bei seinem eigenen, von Torberg ins Deutsche übertragen »heiteren Trauerspiel« *Es war die Lerche*, einer Fortsetzung von Shakespeares *Romeo und Julia*. Das nicht mehr so taufrische Liebespaar spielten Helmut Lohner und ich, und wenige

Minuten vor der Premiere ging Helmut zum Souffleurkasten und sagte zur Souffleuse: »Ruthli, in deiner Haut möchte ich heute nicht stecken.« Das gehört zu dem von Gerhard so genannten »unveräußerlichen Anekdotenschatz« der Familie.

Peter und Hilde Alexander geben zu Protokoll, dass sie von unserem Erdäpfelpüree angetan waren. Das war freilich weniger mein Verdienst, sondern jenes von Frau Maria. Im Gästebuch erwähnen sie es, dabei geben sie ihm den Namen, wie er in der Schweiz im Gebrauch ist – Kartoffelstock. Mit Peter Alexander habe ich 1972, in der Regie von Peter Weck, einen sehr lustigen Film gedreht: *Hauptsache Ferien*. Und viele Jahre später war ich in seiner Show zu Gast, die damals jedem Quotenvergleich standgehalten hat, er war nicht zu schlagen. »Schöne Rollen, gute Rollen, das ist alles, was wir wollen ...«, so hat unser Duett begonnen.

An seine langjährige Mitwirkung im TV-Erfolg *Was bin ich?* erinnernd stellt Guido Baumann eben diese Frage, am 1.1.1977, und gibt sich auch gleich die Antwort: »Glücklich, Silvester bei Euch gefeiert zu haben!«

Oft war Ebelin Bucerius bei uns zu Gast, Ehefrau des Verlegers und Politikers Gerd. Sie war von so offener Herzlichkeit, sprach trotz der vielen Jahre in Hamburg und im Tessin immer noch ihr heimatliches Kölsch und hinterließ eine Unzahl von Erinnerungen nicht nur im Gästebuch, sondern auch in unseren Herzen.

Am 28.1.77 ist Schluss mit dem Zürcher Frohsinn. Rolf hatte nun mehr in Hamburg, in Wien, in München zu tun, ich war als Wirtin im *Weißen Rössl* an der Wiener Volksoper engagiert. Wir überlegten damals, unseren Wohnsitz nach Wien zu verlegen.

Aber durch den plötzlichen Tod von Rolf im September 1978 wird auf einmal alles anders. Das Gästebuch wird nun für kurze Zeit noch mehr zum Protokoll als in den Jahren zuvor.

64 Ich signiere – als Sängerin!

Als ich am 13. Oktober meinen Geburtstag zwar nicht zu feiern, aber eben doch hatte, da kam meine langjährige Freundin Bibi Gessner, fester Bestandteil des Zürcher Schauspielhauses, zu mir in die Frankengasse und verewigte sich mit: »Viel Glück, viel Mut, nach all dem Schweren, dem Verlust eines unvergesslichen lieben Menschen und Freundes …«

Den Silvesterabend 1978 verbrachte ich mit einigen wenigen Damen, die mir in diesem ersten Jahr nach dem Abschied von Saschas Vater immer wieder zur Seite gestanden sind. Zu ihnen zählte Rolfs erste Frau Yvonne, die zu diesem Zeitpunkt schon lange meine Freundin war und es bis heute ist – »… das alte Jahr hat sich verschämt davon gemacht …«

Ab 1979 finden sich nur mehr selten Meldungen im Gästebuch. An fröhliche Abende wie früher war auch nicht mehr zu denken. Der Hausherr war tot, seine Witwe war als nun alleinerziehende

Mutter und mit den übervollen Tagen im Beruf viel zu beschäftigt, als dass sie auch nur kleine Feste hätte planen und vorbereiten hätte können. Manchmal stehen hier wie eh und je die Namen Peter und Ingrid Weck.
Wenn andere, nicht ganz so nahe Freunde, manchmal von weit her nach Zürich kamen, baten sie eher Sascha und mich in ein Lokal zum Abendessen, als sich in unserem halbverwaisten Haushalt anzumelden.
Mit einer vollgeschriebenen Seite schließt die lange, nun schütter gewordene Reihe der schriftlichen Erinnerungen am 2. Mai 1981. Saschas Au-pair-Mädchen verabschiedet sich nach fast einem Jahr von der Schweiz und kehrt heim in die USA:
»Dear Frau Bigler und Sascha, Ich liebe euch so so viel & hoffe dass du weißt dass. Wirklich. Bitte weiss dass! Danke so viel for one of the best years of my life! Alle meine Liebe von die Herz. Your Christie.«

Fazit: Mein Gästebuch ist ein Protokoll, der Einstieg in eine an Erinnerungen reiche Welt, der mich manchmal melancholisch, oft fröhlich werden lässt.

Ehrungen

Man kann mich jetzt versenden. Die österreichische Post bietet seit 2007 eine Briefmarke mit meinem Gesicht aktuell und meinem Gesicht siebzehnjährig an. Ist das jetzt wie mit Büchern? Angst, dass man nicht gekauft wird? Ich höre, es werden längst nicht mehr so viele Briefe geschrieben wie noch vor wenigen Jahren, und Postkarten seien überhaupt nostalgische Erinnerung, es gibt sie praktisch nur noch als Ferien-Ansicht. Und für E-Mails und SMS braucht man eben keine Briefmarken. »Ja, aber die Sammler!«, sagt man mir, da gebe es eine große Nachfrage.
Die Einführung der Christiane-Hörbiger-Marke wurde mit einem Fest begangen, eine prächtige Versammlung von Freunden der Post und der Briefmarke und meinen eigenen Freunden – das wird sich nun in Zukunft hoffentlich decken. Meine Freunde werden ihre Briefe sicher nur mit meiner Briefmarke bekleben.
Richard Österreicher, Jazz- und Big-Band-Legende, musizierte, Gerhard hielt mir eine kleine Rede, in der er unter anderem Folgendes erzählte:

»Meine Damen und Herren, eine Schauspielerin wird mit einer Briefmarke geehrt. Das mag es auch schon früher gegeben haben, aber hier handelt es sich um eine besonders lebendige Schauspielerin – und das hat es früher nicht gegeben. Da wurden vor allem schon heimgegangene Künstler – 200. Geburtstag Wolfgang Amadeus Mozart – oder Landesväter und Landesmütter auf den Marken porträtiert, Franz Joseph I., Queen Elizabeth II., und als man in den Jahren nach Weltkriegen und Nazizeit genug hatte vom Mini-Porträt auf dem Kuvert oder der Karte, gab es die Trachtenserie, Städtebilder, Landschaften ... Theater und Film haben auf diesem Gebiet früher keine bedeutende Rolle innegehabt.

Die Post hingegen hatte stets Gewicht in der Welt der Bühne – ›Freunde, vernehmet die Geschichte von einem jungen Postillon‹, das war der Postillon von Lonjumeau in einer so gut wie nicht mehr gespielten Oper. In der hingegen sehr oft gespielten Verdi-Oper *La Traviata* spielt ein Briefträger eine handlungsbeeinflussend wichtige Rolle. Überhaupt der italienische Belcanto – ›Torna Surriento!‹ hat jeder Kenner der *canzone napoletana* im Ohr, ›Komm zurück nach Sorrent!‹. Was man für ein Liebeslied halten könnte, ist ein Appell an die Postverwaltung. Sorrent hatte zwar kein Postamt, aber eine schöne Landschaft, und ihretwegen hat der Postminister des jungen Königreichs Italien dort seine Ferien verbracht, aber kein Postamt hinterlassen, daher der sehnsuchtsvolle Ruf, er möge zurückkehren. Und wenn früher in kleinen Theatern nicht alle Rollen besetzt werden konnten, weil das Ensemble zu klein war, musste ein Brief aushelfen. Da spazierte dann der König von Spanien, Philipp, im *Don Karlos* alleine über die Bühne, und die ersten Worte des Stücks wurden nicht vom Beichtvater Domingo gesprochen, der war eingespart. Dafür bückte sich der König, fand in seinen Gärten einen Brief, öffnete ihn und sprach: Da schreibt mir ein gewisser Domingo – ›Die schönen Tage von Aranjuez sind nun vorüber.‹

Christiane Hörbiger hat sich in der Reihe der Bühnen- und Filmkünstler, die eine engere Beziehung zur Post dokumentieren, durch den Kinofilm *Immer die Radfahrer* verewigt. Neben Hans Joachim Kulenkampff, Heinz Erhardt und anderen den guten Kinobesuch sichernden Darstellern hat sie eine singende Laiendarstellerin gespielt. Die Liebhabertruppe probt den *Vogelhändler* von Carl Zeller, und so kam sie immerhin im Film, nicht auf der Bühne, dazu, zu behaupten, sie sei die ›Christl von der Post‹. Das ist sie ja nun im wirklichen Leben geworden – die Christiane von der Post.

Ich habe von diesem Briefmarkenprojekt gehört und hatte damals gehofft, es ließe sich eventuell ein gewisser Prozentsatz pro Marke an Tantiemen aushandeln, oder sagen wir, die Markeneinnahmen für den 19. Bezirk inklusive Grinzing oder Ähnliches, aber man hat davon abgesehen.

Christiane ist mit ihrer Marke nicht die erste in ihrer Familie. Diesen Part hat schon vor vielen Jahren ihr Großvater übernommen, Hanns Hörbiger, der mit seinem herrlichen Vollbart wohl auch ein Briefmarkenblickfang war. Er wurde von der Österreichischen Post für seine Leistungen als Techniker geehrt, für das Hörbiger-Ventil vor allem.

Ich weiß, Christiane wird gerade diesen heutigen Briefmarkentag in besonders angenehmer Erinnerung behalten. Er findet an einem Ort statt, der ihr besonders vertraut ist, an einem besonderen Tag, er unterbricht die lange Reihe anstrengender Drehtage am Tegernsee und in München, und auch die Post wird ihr

Vergnügen an dem Tag, an dem Projekt haben. Schließlich hat sie sich das ja auch ausgedacht …
Die neue Sondermarke, der man ein Kompliment für ihr Aussehen machen darf, tritt in Konkurrenz zu einer Serie mit Reptilien, einer anderen mit den schönsten Lokomotiven, mit Städteansichten, mit den herrlichen Automobilen.
Christiane Hörbiger ist wegen dieser Sondermarke für einen Tag von ihren Drehorten in Bayern nach Wien gekommen, so dass ich, wir haben einander jetzt doch länger schon nicht mehr gesehen, einer der Nutznießer dieser Aktion der Österreichischen Post AG bin. Auch in diesem Sinne danke ich Ihnen herzlich.«

Solch eine Art von Ehrung ist doch etwas ganz anderes als ein Festakt anlässlich eines Ordens und wieder ganz etwas anderes als eine Preisverleihung, wenn man zum Geburtstag von der Heimatstadt oder einem Staat mit dem Großen Goldenen Ehrenzeichen am Band ausgezeichnet wird für Verdienste um – das ist austauschbar. Ich freue mich darüber, nehme die Auszeichnung und den Festakt sehr ernst und bin dann auch immer sehr aufgeregt. Aber zur Sonderbriefmarke zu werden, bereitete eine ganz spezielle Freude.

So erging es mir, als Rosenthal mir eine Porzellanserie widmete, oder als die österreichischen Gärtner eine Rose nach mir benannten. Die Marke kann man auf die eigenen Briefe kleben, das Porzellan beim Abendessen mit Freunden auf den Tisch bringen. Auf andere Arten von Ehrung kann man nicht so elegant hinweisen, es ist doch ein wenig aufdringlich, sich im Alltag mit den eigenen Orden zu behängen, die Goldenen Kameras und Bambis als Tischdekoration einzusetzen.

Meine Eltern hatten eine sehr schöne, ja geradezu raffiniert gestaltete Vitrine in der Mauer, die Stiege in den ersten Stock entlang, mit den Stufen ansteigend, und da sah man all die Orden und Bänder und Ehrenpreise. Der neugierige Besucher konnte sie entdecken, aber er wurde nicht zum Anblick gezwungen.
Ich habe meinem Wohnhaus gegenüber ein zweites, sehr kleines Haus, Ergebnis einer Rettungsaktion. Es sollte abgerissen und durch einen dreistöckigen Neubau ersetzt werden, das konnten wir verhindern. Dort kann man in aller Ruhe Text lernen, lesen, Freunde und Journalisten empfangen. Da gibt es, schon wieder, es gibt sie bei uns an allen Ecken und Enden, einen Bücherschrank, und in dessen Mittelteil stehen unsere Preise, all die Goldenen Kameras und Bambis und Literaturpreisteller. Das kann man sich also ansehen, aber man muss nicht.
Das bedeutet aber natürlich nicht, dass ich mich nicht freuen könnte, widerfährt mir doch eine der klassischen Ehrungen. Als ich noch nicht lange in Baden bei Wien, in Niederösterreich, zuhause war, verlieh mir der Landeshauptmann Dr. Erwin Pröll eine hohe Auszeichnung. Ich hatte mit *Julia* schon einige Fernsehzuschauer zum Besuch der niederösterreichischen Kleinstadt Retz bewegen können, später wurden es immer mehr, und das hatte eben Folgen.
Als ich nun im obersten Stockwerk des Regierungsgebäudes der Landeshauptstadt stand und der Laudatio lauschte, da packte mich plötzlich der Patriotismus. Das gelingt ihm nicht so oft, denn man wird ja zur Europäerin, lebt man wie ich. Da stand ich in der gläsernen Architektur dieses schönen Repräsentationsraums, sah auf die weite Umgebung, auf Wiesen und Äcker und einen Fluss, wurde von diesem Land gerade umarmt und von seinem Landeschef gelobt. Das rührte mich zutiefst.

Eine andere Ehrung hatte unerwartete Konsequenzen: Die Gärtner hatten mir soeben die vorhin erwähnte Rose gewidmet, da kamen die Trabrennfahrer und schenkten mir das dazu passende Pferderennen – den Preis der Christiane Hörbiger-Rose. Diese sportliche Veranstaltung fand auf der Rennbahn von Baden-Pfaffstätten statt, ich hatte zugegeben noch nie ein Trabrennen erlebt. Zufälligerweise war Gerhard an diesem Tag mit einem Kamerateam unterwegs, für eine Doku-Serie des WDR.

Nun sollte ich bei diesem Rennen auf ein Pferd setzen. Ich hatte keine Ahnung und habe mich nach Sympathie entschieden: Da war so ein etwas benachteiligt wirkendes Pferd, die Fachleute rund um mich rieten ab – ein Außenseiter, eher sinnlos, hieß es. Der finanzielle Einsatz war nicht hoch. Aber mein Außenseiter hatte die Fachleute hereingelegt und gewann! Ich durfte das Pferd und seinen Fahrer ehren, und in Gerhards Film war dann zu sehen, wie ich in meiner Ehrenloge vor Freude zu hüpfen begann. Meinen Gewinn setzte ich um in eine Runde Badener Weins. Viel war es ja nicht, aber immerhin mehr, als wenn ich auf einen Favorit gesetzt hätte. Im Frühjahr 2007 habe ich in Berlin in einer TV-Produktion der Ziegler-Film eine Kaffeehausbesitzerin gespielt, in *Niete zieht Hauptgewinn*, so war das auch auf der Trabrennbahn.

Bei dieser Reise durch meine eigene Vergangenheit lese ich in einem Interview, »Hamburger Abendblatt«, August 1989, manche Sätze, die ich damals gesagt habe, die auch heute immer noch für mich gültig sind, und andere, die mir zeigen, wie manches sich geändert hat. Es war die Zeit des großen Erfolgs der Fernsehserie *Das Erbe der Guldenburgs*, großer Erfolg auch für mich persönlich in der Rolle der verwitweten Gräfin Christine

von Guldenburg. Da werde ich einmal, angesprochen auf diesen Fernseherfolg und seinem Echo in Österreich, so zitiert: »Dass sie mich nicht für voll nehmen in Wien, das ist heute noch so. Das ist auch nicht zu ändern.«
Diesen Satz könnte ich, würde ich heute nicht mehr sagen. Ich fühle mich in Wien, in Österreich durchaus »für voll genommen«. Das kommt auch von den vielfachen Ehrungen, die mir in den vielen Jahren zuteil wurden. Mein Selbstbewusstsein kann so etwas auch heute noch brauchen, es steht immer noch auf wackeligen Beinen.

65 Mit Bernhard Wicki bei den Dreharbeiten zu »Das Erbe der Guldenburgs« in Rio de Janeiro

Manchmal bedeutet es auch Ehre, jemand anderen zu ehren. Ich überreichte mit Freude der jungen Nina Hoss ihren Goldenen Löwen und war mehr als geschmeichelt, als man mich fragte, ob ich für Peter Ustinov die Laudatio halten wolle, als er einen Bambi für sein Lebenswerk bekommen sollte. Und in seiner Dankesrede sprach Ustinov dann vor allem über mich und meine Eltern. Das war so eine Art Gegenlaudatio, damit hatte ich nicht gerechnet.

Mein allererster Preis, über den ich mich wirklich maßlos freuen konnte, war der Bayerische Filmpreis. Ich rief damals, im späten Winter 1985, vor lauter Freude Gerhard an, völlig aus dem Häuschen! Auch meine Kollegen und Freunde in Zürich, damals war ich ja noch im Dauervertrag am Schauspielhaus, waren beeindruckt. Ich glaube, vor allem deshalb, weil mit dem Preis auch eine eindrucksvolle Summe verbunden war – steuerfrei!

Ich erhielt den Preis für meine Rolle in dem Film *Donauwalzer*, der zuvor schon beim Filmfestival von Locarno ausgezeichnet worden war. Xaver Schwarzenberger war der Regisseur und Kameramann. Der Film hat mir wirklich nur Glück gebracht – und noch mehrere Rollen bei Xaver.

Der Bayerische Filmpreis wird in München überreicht. Die Legende Franz Josef Strauß konnte ich bei dieser Gelegenheit noch persönlich kennen lernen, Ruth Leuwerik hielt die Festrede.

Damals war ich siebenundvierzig Jahre alt, mein erster Film lag schon dreißig Jahre zurück. Ich hatte in meinen ersten Jahren am Theater viel gedreht. In Zürich hörte ich wieder damit auf, nur Fernsehrollen nahm ich gelegentlich an. Einmal hatte ich noch ein wirklich sehr verlockendes Filmangebot, aber da war Sascha noch sehr klein, und ich lehnte ab. So vergingen die Jahre, und

66 »Donauwalzer«, 1984: Der Film hat meinem Leben eine neue Wendung gegeben.

das Thema Film war für mich abgeschlossen. Doch mit dem *Donauwalzer* fand ich wieder auf die Filmleinwand.

Als ich in Berlin 1994 das Filmband in Gold bekam, auch eine große Freude, fiel mir während der Verleihung ein Satz ein, den mir meine Mutter Jahre zuvor einmal gesagt hat: »Frauen ab vierzig haben auf der Leinwand nichts zu suchen.« Glücklicherweise hat sie sich dabei geirrt – und sich ja auch selbst nicht daran gehalten.

Das Filmband gab es für zwei Film-Produktionen, für *Alles auf Anfang* und für *Tafelspitz*, das war wieder ein Film von Xaver Schwarzenberger.

An einen besonders schönen Abend 2006 in Hamburg denke ich gerne zurück. Der Bauer-Verlag hat mir die »Goldene Feder«

67 Baden bei Wien: Der Stadtpfarrer, der Feuerwehrkommandant, der Bürgermeister – und dazwischen ich als Patin des neuen Feuerwehrautos, das jetzt Christiane heißt

überreicht. Schon der Name sagt, dass die Ehrung mit Schreiben zu tun hat, so haben manche Freunde sich gefragt, wieso denn ich? Aber es geht offenbar überhaupt um den Umgang mit dem Wort, und ab und zu habe ich ja tatsächlich auch etwas geschrieben, nicht nur privat, doch dafür gab es die Bauer-Feder ja nicht.

Der festliche Abend fand in gediegenstem festlichen Rahmen statt, so ist das in Hamburg immer, und der Oberbürgermeister hat die Laudatio auf mich gehalten. Gerhard saß neben Herrn von Beust und nahe dem Vorsitzenden der Deutschen Bischofskonferenz, Kardinal Lehmann. Er kam aus dem guten Gespräch, in das ich mich gerne hineinziehen ließ, überhaupt nicht mehr heraus.

Und auch das ist ja das Erfreuliche an Ehrungen – man lernt interessante Menschen kennen.

Wer behauptet, sich über dieses öffentliche Lob in Form von Urkunden, Medaillen, Ansprachen nicht zu freuen, lügt. Zumindest ist so eine Behauptung Folge von unerträglichem Snobismus. Ich freue mich.

Ein Wettkampf, wer hat mehr, Gerhard oder ich, die Eltern oder wir, oder wer von unseren Freunden hat, was ich nicht bekommen habe, der findet nicht statt. Ehrungen setzen Marken an der Wegstrecke, mögen erfreuen, führen zu manchem Wiedersehen, haben viele Fotos zur Folge, aber man darf sie nicht gar zu ernst nehmen.

Fazit: Ehrungen sind ernst zu nehmen. Man soll nicht einmal über sie lächeln, wenn man sie schon hat. Und wenn man sie nicht hat, schon gar nicht.

Meine Rosen

Ich habe eine Rose. Sie trägt tatsächlich meinen Namen. Sie ist weiß. Ich verdanke sie den österreichischen Gärtnern und insbesondere dem Stadtgartendirektor von Baden, Herrn Weber, und, über Umwegen, auch meiner Mutter. Ihr ist einmal von den Gärtnern Deutschlands die Ehre widerfahren, dass eine Nelke nach ihr benannt wurde. Das gefiel mir sehr. Als dann eines Tages das wunderschöne Biedermeier-Palmenhaus im Badener Kurpark gefährdet war – es sollte durch eine moderne Merkwürdigkeit ersetzt werden –, trug Gerhard zur Rettung bei, und ich wurde rosennamenmäßig geehrt.
Weber ist Herr über unzählige Quadratmeter Park, aber auch über Parkandeutungen quer durch die Stadt, Miniparks inmitten der Kreisverkehrsanlagen und über die unübersehbare Rosenmenge im Doblhoffpark. Die Rosen tragen allesamt wunderbare Namen. Sie heißen »Kordes Sondermeldung« (???) oder »Geheimrat Duisberg« (abermals ???). Aber auch »Madame Butterfly«, das geht, das kennt man, oder »Gruß an Teplitz«, ja, warum nicht? Schwieriger wird es bei »Gloria Dei«, denn auch

Geheimrat Duisberg dient ja der Gloria Dei, dem Ruhm, der Herrlichkeit Gottes, ebenso wie die »Queen Elizabeth«.
Zum Glück gibt es auch Rosen mit vertrauten Kollegennamen – Ruth Leuwerik heißt eine, Karl Terkal eine andere. Und wieder eine trägt den Namen Christiane Hörbiger. Auf der Urkunde steht: »Die neugezüchtete weiße Floribunda-Rosensorte mit der Nummer MCG 86.157-2 wird auf den Namen Christiane Hörbiger am 5. September 1994 im Palmenhaus getauft. Die neugezüchtete Sorte zeichnet sich durch ihren starken Wuchs, robuste Gesundheit und immer wieder aufblühende weiße Blüten aus.«
Zur Feier der Rosen-Taufe wurde ein prächtiges Fest veranstaltet. Dazu erschienen viele Freunde von weit her und aus Baden, es gab einen kleinen Festakt im Palmenhaus, dann spazierten wir alle zusammen durch den üppigen Badener Kurpark zu uns.
Auch war ich einmal »Fleurop-Lady des Jahres«. Nun durfte ich wählen – zwischen einem Blumenstrauß pro Jahr bis ans Lebensende oder Pflanzen in meinem Garten. Ich ließ rote Rosen pflanzen. So gibt es neben meiner weißen Namensrose auch eine Gruppe von an Spalieren hochkletternden roten Rosen, die mir symbolisch in Hamburg überreicht und später in Baden in die Erde gesetzt wurden.
In meiner kleinen Parkanlage befindet sich nicht nur eine klassische Laube, ein Papageno, eine hohe Buchsbaumhecke, hier gibt es auch Rosen. Wenn die Zeit der Blüte gekommen ist, sind es tausende. Alle neunzig Quadratmeter Garten, mein kompletter Park also, stehen im Zeichen der Rose.
Wenn man über eine so kleine Gartengrundfläche verfügt, ist natürlich keine Rede von verschwiegenen Wegen, alten Eichen, einem Teich mit Wasserlilien, das alles wäre nur auf Bonsai-

Wegen zu erzielen. So können wir immerhin einige Meter gehen und uns dann in der Laube niederlassen.

Mit den verschiedenen Rosen kann ich hin und wieder auch meinen Nachbarn, meinen Verwandten eine kleine Freude machen. Es ist ein erhebendes Gefühl, wenn man einen Strauß aus »eigener Zucht« verschenkt, es hat mehr Gewicht als die gekauften Rosensträuße, die freilich meistens schöner sind als meine Amateursträuße. Diese langen geraden Stengel, wie sie in den Blumenhandlungen gang und gebe sind, bringe ich nur per Zufall zustande.

Nichts kann ich anfangen mit dem Satz »Ich mag keine Schnittblumen. Das sind für mich Leichen«. Man hört ihn immer wieder. Ohne Schnittblumen gäbe es rund um mich, von meinem Gärtlein abgesehen, gar keine Blumen. Wie auch? Die Töpfe muss ich gießen, und wenn ich meinem Beruf nachgehe und Gerhard auch für Tage und Wochen irgendwo anders ist, dann sehen die Topfpflanzen alt aus.

Ausnahme – der Oleander. Wenn einer von uns beiden zwischen den Arbeiten etwas Sommerpause hat, dann ist das Hofieren des weißen und des roten Oleanders eine tägliche Morgen- und Abendfreude.

Fazit: Eine Rose ist eine Rose ist eine Rose … Was soll man da noch sagen?

Abschied von meiner Mutter

Eigentlich wollte ich dazu nichts schreiben. Doch ich denke ohnehin jeden Tag an sie, immer öfter. So gehört sie weiterhin zu meinem Leben.
Vieles kann man ja in Büchern über die Schauspielerin Paula Wessely lesen, in den früh erschienenen von Franz Horch und von Alfred Ibach, im Buch meiner Schwester Elisabeth über die Lebensgeschichte unserer Eltern aus den Siebzigerjahren sowie über *Ihr Leben – ihr Spiel* in einer umfangreichen Bild-/Textdokumentation aus dem Jahr 1985.
2007 wäre sie hundert Jahre alt geworden, da hat man sich allenthalben ihrer erinnert, in Büchern, Fernsehsendungen, Ausstellungen. Aber die Erinnerungen, die meine Schwestern und ich an sie haben, sind natürlich ganz und gar andere, nicht offizielle, selbst wenn es um den Beruf geht.
Manche ihrer Sätze zu unserem gemeinsamen Beruf begleiten mich, seit sie gesagt worden sind. Ganz zu Beginn meines Arbeitslebens, als ich nach meinem Burgtheaterdebut von gleich zwei wichtigen Kritikern schrecklich verrissen wurde, hat sie mir

etwas sehr Kluges gesagt. Ich war damals, mit achtzehn Jahren, so verzweifelt, dass ich mich heftig weinend in eine kleine Seitengasse geflüchtet habe. Ich konnte eben noch nicht damit umgehen, dass man etwas gestaltet und darin auch bestärkt wird, von Bühnenpartnern, der verehrten Lehrerin Alma Seidler, es zutiefst ernst nimmt – und dann, von anderen Augen anders gesehen und anders verstanden, ja auch missverstanden werden kann. Meine Mutter riet mir damals trocken: »Sei froh, wenn sie dir jetzt wehtun. Wenn du das überstehst, wirst du auch andere Dinge im Leben verkraften.«

Sie selbst hatte einiges zu verkraften ... So oft sie auch zugegeben hatte, mit ihrer Mitwirkung an dem Film *Heimkehr* einen großen Fehler gemacht zu haben, so oft wärmte irgendjemand nach ein paar Jahren das Thema wieder auf. Es war und ist nicht meine Aufgabe, lange nach dem Abschied von meiner Mutter ihr hier die Meinung zu sagen, im Nachhinein. Das tun ohnehin immer wieder andere, auch wider besseres Wissen. Wer alles heute angeblich mit Paula Wessely »offen und schonungslos diskutiert hat«, man glaubt es nicht! Es war auch ganz überflüssig, man hätte sich ja schließlich informieren können. In einer auf Tonband aufgenommenen Stellungnahme für das Österreichische Filmarchiv, es heißt jetzt Filmarchiv Austria, hat sie erklärt: »Ich wünschte, ich hätte diesen Film nicht gedreht. Für diesen Fehler berufe ich mich nicht auf die üblichen Milderungsgründe, das würde die Sätze, die ich gerade spreche, nur kleiner machen.« Dabei gibt es durchaus diese Milderungsgründe, und zwar nicht die üblichen. Ella und Albert Bei waren bei dieser Produktion für die Kostüme zuständig, ihr Sohn Dr. Leo Bei war bei der Besprechung des drohenden *Heimkehr*-Angebots durch die Hauptbetei-

68 In der Bibliothek im Elternhaus: Unsere
Mama und wir drei Schwestern, 1946

ligten anwesend, auf Heimaturlaub von der Kriegsfront. Er hat sich erinnert, wie seine Eltern und meine Eltern mit dem Regisseur Gustav Ucicky die Frage diskutierten, ob man da entkommen könnte. Dabei war dieses erste Drehbuch noch harmlos, gemessen an jenem zweiten, das der Propagandaminister und Herr über das deutsche Filmwesen, Dr. Joseph Goebbels, wenige Tage vor Drehbeginn veranlasste. Da stand nun ein verlässlicher Nazi mit dem Drehbuch in der Hand vom Morgen bis zum Drehschluss jeden Tag im Studio und bei den Außenaufnahmen im polnischen Chorzele und kontrollierte, ob auch nur ein Wort verändert worden sei. Diese beiden Drehbücher gibt es, man kann sie vergleichen. Leo Bei, er hat später eine außergewöhnliche Karriere als Bühnen- und Kostümbildner gemacht, hat all das für eine große österreichische Tageszeitung berichtet, als letzter Augenzeuge.

Wir haben uns innerhalb der Familie mehrmals darüber ausgesprochen, und damit wäre das Thema abgeschlossen. Aber ich war mir im Klaren darüber, dass man von mir erwarten würde, dass ich auch an dieser Stelle zu dem Thema etwas sage. Ich bin vorbereitet.

Ich habe mir *Heimkehr* natürlich angesehen, eines Tages, als die Diskussion darüber längst ausgebrochen war, und fand den Film grauenhaft. Ich habe mit meiner Mutter darüber gesprochen. Da war sie schon weit über siebzig, aber sie hat sich der Diskussion gestellt, fast eine ganze Nacht lang, innerhalb ihrer, unserer vier Wände. Ich habe eine Art Schuldgefühl wegen meiner Eltern – ich sprach in diesem Buch von Sippenhaft –, das führt zumindest dazu, dass ich meine Meinung zu dem Thema immer wieder sage. Und meine Schwester Elisabeth, Gerhard und ich sind bei einem österreichischen Verein gegen Antisemitismus engagiert.

Als bekannt wurde, dass man am Bonner Theater ein Stück vorbereite, in dem gleich mehrere Mitglieder meiner Familie als Nazis dargestellt würden, und die eine oder andere Zeitung auch meine Schwestern und mich, die wir 1945 allesamt Kinder waren, in ein merkwürdiges Licht zu rücken versuchte, da hat mich in Zürich die Freundin Gisela Fischer besucht. Sie ist die Enkelin des großen Verlagsgründers Samuel Fischer, und sie brachte mir einen Gruß eines anderen berühmten Mannes mit. Der Schriftsteller François Bondy, Sohn des Theatermannes und Schriftstellers N. O. Scarpi, Vater von Luc Bondy, ließ mir ausrichten: »Es ist obszön, die Kinder in eine Verantwortung für die Eltern einzubeziehen.«
Mehr möchte ich zu dem Thema nicht mehr sagen.
Wolfgang Glück, mein erster Mann, sagte etwas dazu, was ich ihm bis heute hoch anrechne. Er hatte bei einer Ausstellungseröffnung im Filmarchiv Austria 2007 eine Rede zu halten, in der er Folgendes erzählte:
Er war, elf Jahre alt, im Oktober 1940 mit seinem Vater in der Wiener Innenstadt unterwegs. Am Stephansplatz trafen Vater und Sohn Glück den Schauspieler Anton Edthofer. Es kam zu einem Gespräch, und der Sohn hörte, wie Edthofer seinem Vater berichtete: »Denk dir, Franz, jetzt hat's die Paula erwischt. Ich hab' ja g'wusst, warum ich 1938 gleich g'sagt hab', ich film' nicht mehr, mir ist es zu anstrengend. Und jetzt kann da die Paula nicht mehr aus.«
Wolfgang Glück erzählte auch in einer Zeitung von dieser Begegnung, und er hat sich ausführlich Gedanken gemacht über Paula Wessely und *Heimkehr*. In seinem Zeitungsbeitrag schreibt er: »Es kann nicht darum gehen, ob Paula Wessely ›Nazi‹ gewesen sei, das war sie nie ... Dass es bei ihr jemals einen Gedanken oder

ein Gefühl gegeben hat, das man als menschenverachtend, rassistisch, antisemitisch, minderheitenfeindlich bezeichnen könnte, ist ausgeschlossen.« Und später schreibt er: »Im Jahre 1962 trat ich für einige Zeit in die Familie ein. Vom ersten Tag an kam das Thema *Heimkehr* nicht mehr vom Tisch. Es war die lebenslang brennende Wunde für Paula Wessely.«
Wolfgang war mit seiner Schwiegermutter befreundet, auch, als sie es schon nicht mehr war. »Unsere liebevoll verständnisvolle Zuneigung blieb immer bestehen, lang über die Scheidung hinaus, bewährte sich in gemeinsamer Arbeit.«
Er ist der Meinung, dass meine Mutter sich durch unsere Verbindung an ihre eigene Jugend erinnert hat, an einen Menschen, der für sie sehr wichtig, ein Freund bis ans Lebensende war: »Ich denke, dass die Bindung ihrer Tochter Christiane an mich, einen jungen Mann jüdischer Herkunft, einen Theater- und Filmmenschen aus sogenanntem ›guten Haus‹, die Erinnerung an ihre erste große Liebe mit Hans Jaray weckte.«
Da hat Wolfgang sicher recht, Jaray war ebenfalls ein »Theatermensch aus gutem Haus«, ein junger Mann jüdischer Herkunft. Aber auch Wolfgangs Familie, nicht nur er selbst, hatte die Sympathie meiner Mutter. Sein Vater, im Alter zwischen meinen Eltern, war ein Herr von hoher Bildung und persönlicher Kultur, zudem liebenswürdig, ein berühmter Buchsammler. Eines Tages war die Scheidung unserer Ehe eine zwischen Wolfgang Glück und mir beschlossene Sache, und Wolfgang hat mir auferlegt, dass ich es sein müsse, die seinen Vater darüber informiert. Da bin ich also schweren Herzens in das Historische Museum der Stadt Wien gegangen, sicher langsamen Schrittes, und habe dem Direktor Dr. Franz Glück die ungern entgegengenommene Meldung gebracht.

Als die Jahre vergingen und mit ihnen die Weggefährten weniger wurden, war meine Mutter arm. Das Gespräch hat ihr gefehlt, die Gesprächspartner wurden rar. Unser Vater, nicht nur ihr Lebens-, sondern auch ihr Bühnenpartner, war schon 1987 gestorben. Er war langsam verlöscht, war monatelang im Bett gelegen, im eigenen Haus. Am Tag nach seinem Tod änderte der ORF das Programm: Das Hauptabendprogramm zeigte *Lumpazivagabundus* in der Aufzeichnung von den Salzburger Festspielen 1962 mit unserem Vater als Knieriem. Das war eine seiner ganz besonderen Rollen, Hans Weigel schrieb darüber: »Eineinhalb Jahrhunderte wienerischer Volkskomödie standen auf, wenn er im ersten Akt die Szene beherrschte.« Wir gingen damals zu einem Freund, um unseren Vater noch einmal in dieser Rolle zu sehen. Unserer Mutter wollten wir das nicht zumuten.

Ihre Schwester Maria, sechs Jahre älter, war damals schon lange Jahre tot. Das muss ein ganz harter Schlag für Paula Wessely gewesen sein, sie hatte an ihrer einzigen Schwester mit großer, Jahrzehnte überdauernder Liebe gehangen.

Mit Hans Jaray hatte sie noch zumindest telefonischen Kontakt, ebenso mit ihrem Burgtheaterkollegen Fred Liewehr und mit Milan Dubrovic, einem der ganz Großen des österreichischen Journalismus.

Zuletzt hatte sie noch und vor allem ihre Freundschaft mit Michael Heltau und Loek Huisman. Mit ihnen konnte sie auch noch in höherem Alter halbe Nächte lang sitzen, über die Gegenwart und die Vergangenheit sprechen, ein Glas Wein trinken. Davon haben natürlich auch wir profitiert, zumal Gerhard und ich unabhängig voneinander Loek und Michael auch schon lange gekannt haben. Da war Mama gesprächig und fröhlich, noch über ihren fünfundachtzigsten Geburtstag hinaus. Später wurde sie stiller, sprach immer weniger, blickte aber wissend drein.

Ich habe in ihren letzten Jahren mit ihr täglich zumindest telefoniert. Das hieß noch Kleingeld zu sammeln, damit man in der Telefonzelle zwischen Hotel und Theater lange genug sprechen kann. Das hieß, in der Winterkälte den eisigen Telefonhörer in der Hand halten, denn ich wollte sie lieber knapp bevor ich in der Theatergarderobe verschwand, sprechen, am Tagesende, und nicht mitten im Tagestrubel vom Hoteltelefon aus. So konnte sie mir berichten, was an diesem Tag geschehen war, was sie bewegte. Und von dem Konkurrenzgefühl, das dieses Haus Himmelstraße 24 in Grinzing, dieses Schauspielerkonzentrat, neben familiären liebevollen Gefühlen auch immer bereitgehalten hat, war nichts mehr zu spüren. Sie war natürlich jetzt weit mehr auf ihre Töchter konzentriert, als sie es in ihren aktiven Jahren hatte sein können. Wenn man ihr, ungefähr ab ihrem achtzigsten, einundachtzigsten Geburtstag, gegenübersaß, blickte man in wache, ja neugierige Augen, sie lauschte, ging auf ihr Gegenüber ein.

Ihr achtzigster Geburtstag wurde ein später, letzter Theatertriumph. Das Burgtheater hatte sich einen Leseabend gewünscht, monatelang wurde an dem Programm gearbeitet. Eine Dramaturgin war schon beinahe in das Haus in der Himmelstraße übersiedelt. Den Titel *Traumbilder* hat man dem Abend gegeben, im kleinen Haus, dem Akademietheater, immer noch groß und mühevoll genug für einen Solisten. Der Abend war lange auf dem Programm.

Auch am Geburtstagsabend war *Traumbilder* angesetzt, danach wurde gefeiert. Das ganze Ensemble stand da, inmitten meine kleine Mama, und ihr gegenüber, im Zuschauerraum saß und stand dann jubelnd, »tout Vienne«, das offizielle, das befreundete Wien. Minister und Künstler, Kardinal König und Bundestheaterchef Jungbluth, die ganze Familie und viele Freunde, alle haben ihr applaudiert, haben ihr noch einmal die Reverenz erwiesen, von Angesicht zu Angesicht. Mit diesen *Traumbildern* hat die Mama sich von ihrem Bühnenleben verabschiedet, nach dreiundsechzig Jahren im Beruf.

Gefeiert haben wir natürlich auch privat, zuhause, jeden Geburtstag, und auch den fünfundachtzigsten, und den wieder ganz besonders. Wir haben alle ihre Freunde eingeladen, Burgtheaterkollegen von Judith Holzmeister bis Heinrich Schweiger, und der Doyen des Burgtheaters, der ganz nahe Freund Michael Heltau, hat der Doyenne, unserer Mutter, ebenso die Ehre gegeben wie Peter Weck, wie Helmut Lohner, wie – also jetzt zähle ich nicht weiter auf, Gott behüte, ich vergesse jemanden dabei. Wir hatten für Musik gesorgt, ungarische, die sie sehr geliebt hat. Und Heinz Holecek hat eine seiner Glanznummern vorgetragen, *Abschied von der Bühne* von Egon Friedell. So viel wie an diesem Abend ist in Mamas salonartig großem Wohnzimmer noch nie gelacht worden.

Alleine, im ganz kleinen Kreis, haben wir aber in diesen Räumen auch oft gelacht. Meine Mutter hatte ja einen herrlichen, ganz eigenen Humor, und sie war zu einem satten, wohltönenden Lachen imstande, auch im hohen Alter.

In den letzten Wochen ihres Lebens habe ich einen Film gedreht, glücklicherweise in Wien, und ich konnte ihr nahe sein, habe sie täglich nach Drehschluss und erst recht an drehfreien Tagen besucht. Sie war weit über dreiundneunzig Jahre alt und stumm geworden, aber sie hörte immer noch sehr aufmerksam zu.

Dann konnte sie nicht mehr zuhause gepflegt werden. Der langjährige, uns allen zum Freund gewordene Arzt sorgte für ein schönes Zimmer in dem Spital, in dem er tätig war. Und so bin ich eben von der Filmfirma in dieses Hartmannspital und dann nach Hause gebracht worden, sobald ich mein Tagespensum absolviert hatte.

Anfang Mai 2000 haben wir in einer Villa im Wienerwald gedreht, da ergab die tägliche Fahrt in das Spital und dann nach Hause einen erheblichen Umweg. Als ich am 11. Mai den Drehort verließ und todmüde in das wartende Auto stieg, hatte ich ausnahmsweise vor, gleich heimzufahren. Aber schon nach Sekunden war ich anderer Meinung, und als ich das dem jungen Mann, der am Lenkrad saß, sagte, hat er mir geantwortet, er habe das geahnt und sei ohnehin schon auf dem Weg zum Spital.

Ich kam in das Zimmer meiner Mutter, setzte mich an ihr Bett, sprach zu ihr leise vom zu Ende gehenden Tag ... Zwanzig Minuten später kam der Abschied. Ich habe ihr die Augen zugedrückt. Ich war merkwürdig ruhig. Ich hatte das Gefühl, meine Mutter habe auf mich gewartet. Und ich war sehr froh, bin sehr froh, dass ich an diesem Abend nicht ausnahmsweise gleich nach Hause gefahren war.

Mit dieser Erinnerung könnte ich diese Seiten eigentlich abschließen. Aber unsere Mutter ist auch sieben Jahre nach dem Abschied so sehr präsent, für ihre Töchter, ihre Enkel, auch ohne ein Jahr wie 2007, das Jahr des hundertsten Geburtstags.

Ihr Begräbnis hat sie, hat uns mit ihr noch einmal durch halb Grinzing geführt, vom Grinzinger Platz, der Kirche, auf den höher gelegenen Friedhof. Selbst an diese Trauerfeier hatte sie

vorgedacht, hatte geplant, gemahnt: »Schaut nur, dass genügend Sitzplätze da sind! Es werden ja viele ältere Leute kommen.« Da hat sie wahrscheinlich an Rolfs Begräbnis, auch dieses auf dem Grinzinger Friedhof, gedacht, damals mussten viele stehen. Da hatten wir noch nicht so viel Erfahrung auf dem Gebiet.
Der zweite Satz des Streichquintetts von Franz Schubert hat uns alle noch einmal sehr berührt. Sie hatte sich diese Musik für die Trauerfeier unseres Vaters in der Kapelle auf dem Friedhof gewünscht, nun erklang sie auch bei ihrer eigenen. Der Papa selbst hatte ebenfalls musikalische Wünsche gehabt – die Kaiserhymne von Joseph Haydn und die zweite Ungarische Rhapsodie von Franz Liszt. Diese beiden Melodien waren bei der Trauerfeier für Attila Hörbiger im Burgtheater zu hören gewesen. Gegen solch eine Feier für sich selbst hatte sich unsere Mutter deutlich ausgesprochen. So blieb es bei dem letzten Gang auf den Friedhof von Grinzing.

An der Frage des Erbes scheitern viele Beziehungen, brechen Familien auseinander. Diese Gefahr hätte es auch bei uns nach dem Tod der Mutter geben können. Eine Zeitung hat das damals auch schon vorsorglich gemeldet, eine deutsche Zeitung mit sehr hoher Auflage. Aber es war nicht wahr, von Anfang an nicht wahr.
Elisabeth und ich waren darauf vorbereitet, dass unsere jüngste Schwester Maresa die alleinige Erbin des Elternhauses mit dem großen Garten in Grinzing sein würde. Als das bekannt wurde, hat es zu vielen aufgeregten Fragen, von Journalisten, eher entfernten Bekannten, von Fremden geführt. Aber wir drei Schwestern sind mit dem letzten Willen unserer Mutter und seiner Erfüllung so behutsam umgegangen, dass es zu keinem Streit, ja

nicht einmal zu einem Zwist kam, und so sind wir nach wie vor auch die besten Freundinnen.

Maresa hat einige Jahre später ihre Idee, das Haus einer interessierten Öffentlichkeit zugänglich zu machen, umgesetzt. Sie hat den »Kultursalon Hörbiger« begründet, eine mehrmals pro Jahr stattfindende Abendveranstaltung, bei der der Garten und das geräumige erste Stockwerk des Hauses geöffnet sind, die Räume, in denen die Mama gewohnt hat.

Die Abende haben immer ein spezielles Thema aus einer jeweils anderen Kunstgattung. Junge Bildhauer stellen sich vor, junge Komponisten, junge Pantomimen aus Österreichs Nachbarländern. So kommt es zu Begegnungen mit Pressburg, Prag, der Schweiz, mit Ungarn und Slowenien. Die Stadt Wien hat ihre Freude an der völkerverbindenden Veranstaltungsreihe an prominenter Adresse und unterstützt meine Schwester dabei, die Medien sind stets eifrig beim Berichten, und das alte Haus lebt in neuer Weise auf.

Elisabeth und ich haben nicht nur ideelle Erinnerungen an unsere Mutter, sondern auch sehr konkrete. Ich habe, unter anderem, ihren Schminktisch geerbt, eine Art Theatermöbel, im Barock der Dreißigerjahre des zwanzigsten Jahrhunderts, leicht geschwungen, mit einem Fauteuil. Was hat dieser Schminktisch mir als Kind für Eindruck gemacht! Er hat mir ganz ungemein imponiert, und jetzt schaue ich jeden Morgen, den ich in meinen vier Wänden erlebe, in den Spiegel, in den die Mama so oft geblickt hat.

Ich bin sehr froh, dass wir drei gescheit genug waren, uns nicht wegen Quadratmetern oder Kubikmetern zu zerstreiten. Der Friede mit meinen Schwestern geht mir über alles, und das ist ja wohl auch ganz und gar im Sinne unserer Mutter.

Ausklang

Die Monate, in denen ich diese oft gedachten, manchmal sogar fertig in Form gebrachten Sätze niederschrieb, waren natürlich vor allem und nicht nur daneben auch von meinem Beruf erfüllt. Ich bin ja keine Autorin, ich bin Schauspielerin. Ein guter Teil dieses Jahres gehörte der Produktion von *Der Besuch der alten Dame*, einer Fernsehproduktion auf der Basis des berühmten Theaterstücks von Friedrich Dürrenmatt. Das war eine beglückende Arbeit, mit einem in allem und jedem wunderbaren Ensemble, da möchte ich nicht einzelne Namen nennen.

Nun bin ich bei der nächsten Produktion, die für mich aus einem bestimmten Grund, den ich gleich erklären werde, etwas ganz Besonderes ist. Ich gehe auf diesen heiklen runden Geburtstag zu und bin voll von Plänen, Ideen, Hoffnungen.

Noch einmal Max Reinhardt, er spielt eben immer noch für uns am Theater und auch im Film eine ganz große Rolle: »Ich glaube an die Unsterblichkeit des Theaters, es ist der seligste Schlupf-

winkel für diejenigen, die ihre Kindheit heimlich in die Tasche gesteckt und sich damit auf und davon gemacht haben, um bis an ihr Lebensende weiterzuspielen.«
Max Reinhardt hat sich, sobald das möglich war, auch dem Tonfilm zugewandt, sein *Sommernachtstraum* wurde zur Legende. Er hat modern gedacht, hat sich den neuen Möglichkeiten in die Arme geworfen.

Wenn ich solche Seiten mit meinen Gedanken und Erinnerungen voll schreibe, ist mir, klar, nicht immer lustig zumute. Ich gehe gerne geradeaus, ungern drehe ich mich um und schaue zurück. Aber Gedanken schwimmen mit in großer bunter Zahl durchs Gehirn wie die Fische in einem Aquarium.
Diese letzten siebzig Jahre – ich habe weder beruflich noch privat meinen Lebensweg geplant. Aber ich hatte immer Ziele und Träume. Ja, man bekommt seinen goldenen Wagen! Nicht immer gerade so, wie man sich's gedacht hat, aber man kriegt ihn, und wenn man auch geduldig warten muss.
Ich habe Fehler gemacht, wie denn nicht, Gott sei Dank! Die Fehler, die anderen geschadet haben könnten, habe ich versucht, wiedergutzumachen. Und, ja, noch etwas, das mir sehr wichtig ist:
Nächste Woche kommt Luca. Er wird mich vielleicht mit seinen Eltern bei der Arbeit an *Annas zweite Chance* besuchen, wird die Dekoration für diesen Naschmarktfilm sehen, diesen ersten Film, den sein Vater für mich geschrieben hat. Er wird im Atelier stehen, wie einst meine Schwestern und ich manchmal im Atelier gestanden sind, er wird sich vielleicht einmal daran erinnern, wie wir uns erinnern ... Es geht weiter.

69 Als Claire Zachanassian in der Fernsehverfilmung von Friedrich Dürrenmatts »Der Besuch der alten Dame«, 2008

Lebensdaten

1938 13. 10.	Christiane Hörbiger kommt in Wien zur Welt.
1944	Die Familie flüchtet von Wien nach Tirol, der Krieg kommt näher. Volksschulbesuch in Sölden, später in Innsbruck.
1946	Rückkehr nach Wien. Volksschulbesuch in Grinzing.
1948	Besuch der Schule der armen Schwestern vom Kinde Jesu, Hofzeile, Wien XIX.
1952	Wechsel an die Handelsschule am Wiedenergürtel.
1955	Nach Abschluss der zweijährigen Schule die erste Filmrolle in *Der Major und die Stiere* mit Attila Hörbiger, Alexander Golling, Hans von Borsody, Chris Howland u. a., Regie: Eduard von Borsody.*
1957 7. 4.	Debut am Burgtheater, Übernahme der Recha in *Nathan der Weise* von Lessing, mit Raoul Aslan in der Titelrolle.
1960/61	Städtische Bühnen Heidelberg.
1961 27. 7.	Debut bei den Salzburger Festspielen.
1961 Sept.	Rückkehr an das Burgtheater.
1962	Hochzeit mit dem Regisseur Wolfgang Glück.
1965 März	München, Kammerspiele, Luise in *Kabale und Liebe* von Schiller in der Regie von Fritz Kortner.
1965 Sept.	Antritt des Engagements am Schauspielhaus Zürich. Erste Rolle: Franziska in *Minna von Barnhelm* von Lessing.

* Weitere Film- und Fernsehproduktionen finden sich nicht in dieser Kurzvita, sondern in eigenen Verzeichnissen dieses Buches.

1967	*Faust I* und *Faust II* von Goethe. Das Gretchen in der Regie von Leopold Lindtberg, danach Abschied vom Burgtheater. Scheidung von Wolfgang Glück. Heirat mit Dr. Rolf R. Bigler, Chefredakteur der Zürcher »Weltwoche«.
1968 19.7.	Geburt von Sohn Sascha in Zürich.
1978 6.9.	Rolf Bigler stirbt. Begräbnis in Wien.
1986	München: Bayerischer Filmpreis für *Donauwalzer*.
1987	Sascha macht Matura/Abitur in Basel, leistet danach seinen Militärdienst in Thun.
1988	Goldene Kamera für *Das andere Leben*.
1991	Sascha besucht in London die International Film School. Er bleibt in London bis 1993.
1993	Sascha zieht nach Los Angeles, absolviert das AFI (American Film Institute).
1992, 1996,	1999, 2000, 2001 und 2002 Wien: »Romy« für die beliebteste Schauspielerin Österreichs.
1994	Berlin: Filmband in Gold
1996	Ehrung durch die Zeitung »Münchner Merkur«: »Merkur« für die beste Theaterschauspielerin.
1998	Wien: Ehrenkreuz 1. Klasse für Kunst und Wissenschaft, überreicht durch Bundespräsident Thomas Klestil.
1999	Goldenes Ehrenzeichen für Verdienste um das Land Wien, überreicht durch Bürgermeister Michael Häupl.
2001	Goldene Kamera für *Julia, eine ungewöhnliche Frau*.
2001	Adolf-Grimme-Preis.
2001	München: Bayerischer Filmpreis für *Julia, eine ungewöhnliche Frau*.
2001	Berlin: Verdienstorden der Bundesrepublik Deutschland, überreicht durch Bundespräsident Johannes Rau.
2002	Karl-Valentin-Orden in München. Ernst-Lubitsch-Preis in Berlin.
2003	Im Juni heiraten Sascha Bigler und Laura Goldberg in Venedig.
2003	Deutscher Fernsehpreis »Beste Schauspielerin« für *Julia, eine ungewöhnliche Frau*.
2004	Berufstitel »Kammerschauspielerin«, verliehen durch den österreichischen Bundespräsidenten Thomas Klestil.
2004 17.12.	Geburt des Enkels Luca.
2005	Hamburg: »Die Goldene Feder« für kulturelle Leistungen seit 1955, überreicht vom Bauer-Verlag.

Rollenverzeichnis Theater

(soweit feststellbar)

U = Uraufführung, DE = Deutschsprachige Erstaufführung,
W = Wiederaufnahme, Ü = Übernahme einer Rolle,
A = Akademietheater

Theater	Autor/Komponist	Stück
Burgtheater, Wien		
07.04.1957		
Debut	Gotthold Ephraim Lessing	*Nathan der Weise*
(Premiere: 20.12.1945)		
1957	Ferdinand Raimund	*Der Bauer als Millionär*
(Premiere: 09.10.1954)		
Burgtheater/Akademietheater, Wien		
1958	Hermann Bahr	*Das Konzert*
(Premiere: 17.11.1955)		
1958 A	Franz Grillparzer	*Sappho*
(Premiere: 27.02.1956)		
1958	Ferdinand Raimund	*Der Alpenkönig und*
(Premiere 01.06.1957)		*der Menschenfeind*
1958 A	Hugo von Hofmannsthal	*Eduard und die Mädchen*
(U: 28.06.1957)		
1958	William Shakespeare	*Wie es euch gefällt*
(Premiere: 21.09.1957)		
1957/58		
31.03. A	John Patrick	*Eine sonderbare Dame*
10.05. A	Curt Goetz	*Alte Möbel*

70 Bühnendebut als Recha in »Nathan der Weise«, Burgtheater 1957, mit Raoul Aslan und Adrienne Gessner

Rolle	Regie
Recha (Ü)	Lothar Müthel
Lottchen (Ü)	Adolf Rott
Fräulein Selma Meier (Ü)	Ulrich Bettac
Melitta (Ü)	Joseph Glücksmann
Malchen (Ü)	Leopold Lindtberg
Hoffnung (Ü)	Karl Eidlitz
Person, die den Hymen vorstellt (Ü)	Leopold Lindtberg
Florence	Joseph Glücksmann
Florence	Ulrich Bettac

Theater	Autor/Komponist	Stück
1958/59		
24.09. A	Jean Anouilh	*Ball der Diebe*
21.12.	Carlo Gozzi	*König Hirsch*
07.03. A	Johann Nestroy	*Der Zerrissene*
29.05.	Jean Giraudoux	*Der Trojanische Krieg findet nicht statt*
1959/60		
22.12.	Hugo von Hofmannsthal	*Der Schwierige*
12.04. A	Molière	*Der Arzt wider Willen*
12.05.	Ferdinand Raimund	*Moisasurs Zauberfluch*
11.06. A	Arthur Schnitzler	*Anatol*
1960 (Premiere: 07.11.1955)	Ferdinand Raimund	*Der Verschwender*
1960/61		
Städtische Bühnen Heidelberg		
07.12.	Carlo Goldoni	*Mirandolina*
12.01.	Johann Wolfgang von Goethe	*Egmont*
07.03.	Béla Paulini, Zsolt Harsányi/ Zoltán Kodály	*Die Abenteuer des Háry János*
10.06.	Johann Nestroy	*Einen Jux will er sich machen*
Salzburger Festspiele – Felsenreitschule		
27.07.1961	Ferdinand Raimund	*Der Bauer als Millionär*
1961/62		
Burgtheater/Akademietheater, Wien		
15.09. A	Georges Schéhadé	*Die Reise*
14.10. U	Carl Zuckmayer	*Die Uhr schlägt eins*
19.11. A	Jean Giraudoux	*Die Irre von Chaillot*
10.05.	Gotthold Ephraim Lessing	*Nathan der Weise*
1962 (Premiere: 21.12.1961)	Oscar Wilde	*Ein idealer Gatte*

Rolle	Regie
Julia	Viktor de Kowa
Clarissa	Leopold Lindtberg
Kathi	Rudolf Steinboeck
Iris	Josef Gielen
Nanni	Ernst Lothar
Lucinde	Hans Thimig
Mirzl	Leopold Lindtberg
Cora (1961 auch Annie)	Ernst Lothar
Amalie (Ü)	Franz Reichert
Mirandolina	Herbert Kreppel
Klärchen	Claus Helmut Drese
Marie Louise	Hans Neugebauer
Christopherl	Fritz Zecha
Lottchen	Rudolf Steinboeck
Georgia	Axel Corti
Gerlind, Sekretärin	Heinz Hilpert
Irma	Günther Rennert
Recha	Leopold Lindtberg
Mabel Chiltern (Ü)	Ernst Lothar

Theater	Autor/Komponist	Stück

Burgtheater im *Theater an der Wien, Wien*
07.06. Johann Nestroy *Das Mädel aus der Vorstadt*

Salzburger Festspiele – Felsenreitschule
13.08.1962 W Ferdinand Raimund *Der Bauer als Millionär*

1962/63
Burgtheater/Akademietheater,
Wien
13.10. Gerhart Hauptmann *Florian Geyer*
03.05. A Eugene O'Neill *Trauer muss Elektra tragen*

1963/64
01.09. A Franz Grillparzer *Des Meeres und der Liebe Wellen*

Burgtheater im *Theater an der Wien, Wien*
28.11. Ferdinand Raimund *Der Verschwender*

Burgtheater, Wien
09.06. Gerhart Hauptmann *Vor Sonnenuntergang*

Tournee *Euro-Studio/*
Konzertdirektion Landgraf
1964 Hermann Bahr *Die Kinder*

Münchner Kammerspiele
25.03.1965 Friedrich Schiller *Kabale und Liebe*

1965/66
Schauspielhaus Zürich
15.09. Gotthold Ephraim Lessing *Minna von Barnhelm*

1966/67
Schauspielhaus Zürich im *Theater*
am Neumarkt
17.09. William Shakespeare *Was ihr wollt*

Rolle	Regie
Rosalie	Leopold Lindtberg
Lottchen	Rudolf Steinboeck
Marei	Heinz Hilpert
Hazel Niles	Erich Neuberg
Hero	Ewald Balser
Fee Cheristane	Kurt Meisel
Inken Peters	Karl Heinz Stroux
Anna	Hans Thimig
Luise	Fritz Kortner
Franziska	Michael Hampe
Maria	Leopold Lindtberg

71 »Kabale und Liebe«, München 1965, mit Paul Verhoeven und Helmut Lohner

72 »Minna von Barnhelm«, Zürich 1965, mit Peter Ehrlich

73 »Das Mädel aus der Vorstadt«, Wien 1962, mit Josef Meinrad

74 »Liebelei«, Zürich 1966, mit Karlheinz Böhm

Theater	Autor/Komponist	Stück
22.09.	Arthur Schnitzler	*Liebelei*

Burgtheater, Wien
04.03.	Johann Wolfgang von Goethe	*Faust I*
06.04.	Johann Wolfgang von Goethe	*Faust II*

Salzburger Festspiele – Landestheater
28.07 1967	Hugo von Hofmannsthal	*Der Schwierige*

1967/68
Schauspielhaus Zürich
09.09.	William Shakespeare	*Viel Lärm um nichts*
26.10.	Johann Nestroy	*Der Talisman*
(im Theater am Neumarkt)		

75 »Faust«, Wien 1967, mit Thomas Holtzmann

76 »Woyzeck«, Zürich 1972, mit Hans-Helmut Dickow ▷

Rolle	Regie
Christine	Wolfgang Glück
Margarete	Leopold Lindtberg
Una Poenitentium (Gretchen)	Leopold Lindtberg
Antoinette Hechingen	Rudolf Steinboeck
Beatrice	Leopold Lindtberg
Salome Pockerl	Leopold Lindtberg

Theater	Autor/Komponist	Stück
1968/69		
31.12.	Franz Molnár	*Die Fee*
20.02.	Heinrich von Kleist	*Der zerbrochene Krug*
29.05.	Molière	*George Dandin*

Salzburger Festspiele –
Domplatz/Großes Fest-
spielhaus
27.07.1969   Hugo von Hofmannsthal   *Jedermann*

1969/70
Schauspielhaus Zürich
31.12.   Johann Nestroy   *Freiheit in Krähwinkel*

26.02. DE   Nikolaj Erdman   *Der Selbstmörder*

Salzburger Festspiele –
Domplatz/Großes Festspielhaus
26.07.1970 W Hugo von Hofmannsthal   *Jedermann*

1970/71
Schauspielhaus Zürich
22.10.   Johann Wolfgang von   *Urfaust*
          Goethe
25.03.   Friedrich Dürrenmatt   *Portrait eines Planeten*

Salzburger Festspiele –
Domplatz/Großes Festspielhaus
25.07.1971 W Hugo von Hofmannsthal   *Jedermann*

1971/72
Schauspielhaus Zürich
16.09.   Johann Nestroy   *Der böse Geist*
                            Lumpazivagabundus
11.11.   Federico García Lorca   *Doña Rosita bleibt ledig*
17.02.   Georg Büchner   *Woyzeck*

Rolle	Regie
Lu	Hans Jaray
Eve	Gerhard F. Hering
Angélique	Dietrich Haugk
Buhlschaft	Leopold Lindtberg
Frau von Frankenfrey, eine reiche Witwe	Karl Paryla
Marja Podsjekalnikowa/ Mascha	Max P. Ammann
Buhlschaft	Leopold Lindtberg
Marthe Schwerdtlein	Friedrich Dürrenmatt
Eva	Friedrich Dürrenmatt
Buhlschaft	Leopold Lindtberg
Peppi	Michael Kehlmann
Doña Rosita	Harry Buckwitz
Marie	Friedrich Dürrenmatt

Theater	Autor/Komponist	Stück

Salzburger Festspiele –
Domplatz/Großes Fest-
spielhaus
30.07.1972 W Hugo von Hofmannsthal *Jedermann*

Salzburger Festspiele –
Landestheater
10.8.1972 William Shakespeare *Was ihr wollt*

1972/73
Schauspielwochen im
Deutschen Theater, München
21.09. Carlo Goldoni *Der Lügner*

Theater in der Josefstadt, Wien
20.12. Franz Molnár *Olympia*
(anschließend Tournee)

Schauspielhaus Zürich
29.03. Georges Feydeau *Einer muss der Dumme sein*

Salzburger Festspiele –
Landestheater
06.08.1973 W William Shakespeare *Was ihr wollt*

1973/74
Schauspielhaus Zürich
20.09. Ferdinand Raimund *Der Alpenkönig und der Menschenfeind*
31.12. Samuel und Bella *Kiss me, Kate!*
        Spewack/Cole Porter

Salzburger Festspiele –
Domplatz/Großes Fest-
spielhaus
28.07.1974 Hugo von Hofmannsthal *Jedermann*

Rolle	Regie
Buhlschaft	Leopold Lindtberg
Maria	Otto Schenk
Rosaura	Reinhold K. Olszewski
Olympia	Peter Loos
Lucienne	Michael Kehlmann
Maria	Otto Schenk
Lischen Lilli Vanessi (Kate)	Harry Buckwitz Horst Balzer
Buhlschaft	Ernst Haeusserman

Theater	Autor/Komponist	Stück

Salzburger Festspiele –
Landestheater
06.08.1974 W William Shakespeare — *Was ihr wollt*

1974/75

Schauspielhaus Zürich
31.12. DE   Ephraim Kishon   *Es war die Lerche*

22.02. U   Carl Zuckmayer   *Der Rattenfänger*
10.04.   Friedrich Schiller   *Maria Stuart*

1975/76
Schauspielhaus Zürich
25.10.   Ödön von Horváth   *Kasimir und Karoline*

Volksoper Wien
01.03.   Hans Müller, Erik Charell/   *Im weißen Rössl*
          Ralph Benatzky

Salzburger Festspiele –
Landestheater
27.7.1976   Johann Nestroy   *Der Talisman*

1976/77
Schauspielhaus Zürich
03.02.   Tom Stoppard   *Travesties oder Zürich 1917*
19.02.   Arthur Schnitzler   *Anatol*
07.05.   Bertolt Brecht   *Schweyk im zweiten Weltkrieg*

1977/78
Theater in der Josefsstadt, Wien
01.09.   Arthur Schnitzler   *Zum großen Wurstel*
                              Der grüne Kakadu

Rolle	Regie
Maria	Otto Schenk
Julia Montague-Capulet/	Ephraim Kishon
Lucretia/Julias Amme	
Divana	Leopold Lindtberg
Elisabeth, Königin von England	Harry Buckwitz
Karoline	Michael Kehlmann
Josepha Vogelhuber, Wirtin zum »Weißen Rössl«	Axel von Ambesser
Flora Baumscher	Otto Schenk
Cecily	Leopold Lindtberg
Gabriele	Michael Kehlmann
Frau Kopecka	Harry Buckwitz
Die Herzogin von Lawin Léocadie, Schauspielerin	Klaus Maria Brandauer

77 »Es war die Lerche«, Zürich 1974, mit Helmut Lohner

78 »Orpheus in der Unterwelt«, Zürich 1982

79 »Kiss me, Kate!«, Zürich 1973, mit Hans Dieter Zeidler

Theater	Autor/Komponist	Stück

Schauspielhaus Zürich
15.01.   Roberto Guicciardini   *Candide*
          nach Voltaire

09.03.   Eugene O'Neill   *Alle Reichtümer der Welt*
03.06.   William Shakespeare   *Der Widerspenstigen Zähmung*

Salzburger Festspiele –
Landestheater
07.08.1978 W Johann Nestroy   *Der Talisman*

1978/79
Schauspielhaus Zürich
27.10.   Friedrich Schiller   *Kabale und Liebe*
21.12. DE   James Saunders   *Bodies (Leib und Seele)*
08.03.   Arthur Schnitzler   *Liebelei*

1979/80
14.02.   Harold Pinter   *Betrogen*
08.05.   Carlo Goldoni   *Die Gastwirtin*

Salzburger Festspiele –
Landestheater
31.07.1979 Arthur Schnitzler   *Das weite Land*

1980/81
Schauspielhaus Zürich
27.11.   Anton Tschechow   *Die Möwe*
04.04.   Molière   *Tartuffe*

1981/82
27.03.   Héctor Crémieux, Ludovic *Orpheus in der*
          Halévy/Jacques Offenbach *Unterwelt*
27.05.   William Shakespeare   *Viel Lärm um nichts*

Rolle	Regie
Kunigunde/Nacktes Mädchen/Marquise von Parolignac	Roberto Guicciardini
Sara Harford	Gerhard Klingenberg
Katharina	Gerhard Klingenberg
Flora Baumscher	Otto Schenk
Lady Milford	Gerhard Klingenberg
Anne	Gerhard Klingenberg
Katharina Binder	Gerhard Klingenberg
Emma	Werner Düggelin
Mirandolina	René Scheibli
Genia Hofreiter	Maximilian Schell
Irina Nikolaevna Arkadina	Werner Düggelin
Dorine	Jean-Pierre Ponnelle
Eurydike	Hans Hollmann
Beatrice	Gerhard Klingenberg

Theater	Autor/Komponist	Stück

1982/83

31.12.	Moss Hart, George S. Kaufman	*Man lebt nur einmal*
05.03.	Paul Claudel	*Mittagswende*
21.04. (Coproduktion mit dem Opernhaus Zürich)	Georg Kaiser/Kurt Weill	*Der Silbersee*

1983/84

15.09.	William Shakespeare	*Die tragische Geschichte von Hamlet, Prinz von Dänemark*
31.12. U	Fritz von Herzmanovsky-Orlando	*Baby Wallenstein oder »Selawie«*
05.05.	Luigi Pirandello	*Sechs Personen suchen einen Autor*

1984/85

18.04.	Eugène Ionesco	*Die Stühle*
05.12.	August Strindberg	*Totentanz*

1986/87

30.12.	Arthur Schnitzler	*Reigen*

Münchner Tournee

1987	George Bernard Shaw	*Candida*

1988
Schauspielhaus Zürich

26.03.	Arthur Schnitzler	*Das weite Land*

1990
Theater am Hechtplatz, Zürich

16.03.	Thomas Mann/ Gerhard Tötschinger	*Die Betrogene*

(Gastspiele: Komödie im Bayerischen Hof, München, Freie Bühne Wieden bei

Rolle	Regie
Gay Wellington	Henri Hohenemser
Ysé	Werner Düggelin
Frau von Luber	Gerd Heinz
Gertrud	Benno Besson
Wetti Zwöschbenflöckh	Hans Hollmann
Madame Pace	Werner Dügglin
Die Alte	Werner Düggelin
Alice	Werner Düggelin
Christiane Hörbiger und Helmut Lohner in allen Rollen	Helmut Lohner
Candida	Heinz Engels
Genia Hofreiter	Hans Hollmann
Soloabend	Gerhard Tötschinger

Theater	Autor/Komponist	Stück

Salzburger Festspiele –
Felsenreitschule
26.07.   Texte und Dokumente   70 Jahre Salzburger
           zu Idee und Geschichte   Festspiele
           der Salzburger Festspiele

Schauspielhaus Zürich
15.09.   Maxim Gorki   *Kinder der Sonne*

1991
12.01.   Molière   *Der Geizige*

Hamburger Kammerspiele und
Akademietheater, Wien
           Robert A. Gurney   *Love Letters*

Theater am Hechtplatz, Zürich
16.09.   Albert R. Gurney   *Love Letters*

1991/92
Münchner Tournee
10.01.   Hermann Bahr   *Das Konzert*

1993/94
Komödie im Bayerischen Hof, München,
und *Münchner Tournee*
21.11.W   Hermann Bahr   *Das Konzert*

1994/95
Komödie im Bayerischen Hof, München
W   Hermann Bahr   *Das Konzert*

1995/96
Komödie im Bayerischen Hof, München,
und *Münchner Tournee*
24.11.   Franz Molnár   *Olympia*

Rolle	Regie
Lesung (mit anderen Schauspielern)	
Jelena Nikolaevna	Niels-Peter Rudolph
Frosine	Rudolf Noelte
Melissa Gardner	
Melissa Gardner	
Marie Heink	Loek Huisman
Marie Heink	Gerhard Tötschinger
Marie Heink	Gerhard Tötschinger
Eugenie Plata-Ettin	Gerhard Tötschinger

Filmografie

Kinofilme – soweit feststellbar
Dr = Drehbuchautor, R = Regisseur, D = Darsteller
(Damen und Herren getrennt und in alphabetischer Reihenfolge),
Ro = Christiane Hörbigers Rolle, U = Uraufführung

Der Major und die Stiere (BRD)
Dr: Per Schwenzen nach einem Roman von Hans Venatier
R: Eduard von Borsody
D: Katharina Brauren, Maria Hofen, Carsta Löck, Nora Minor, Eva Probst, Olga von Togni; Hans von Borsody, Alexander Golling, Attila Hörbiger, Chris Howland, Hans Stadtmüller, Fritz Tillmann u. a.
Ro: Marie
U: 28.10.1955

Die Wirtin zur Goldenen Krone (A)
Dr: Karl Farkas, Hugo Maria Kritz nach einer Idee von Otto Dürer und Peter Herz
R: Theo Lingen
D: Paula Wessely; Heinz Conrads, Richard Eybner, Theo Lingen, Hubert von Meyerinck, Albert Rueprecht, Fritz Schulz, Oskar Sima, Ernst Waldbrunn, Peter Weck u. a.
Ro: Lore
U: 20.12.1955

Kronprinz Rudolfs letzte Liebe (ORF/ARD)
Dr: Erna Fentsch
R: Rudolf Jugert

80 »Der Edelweißkönig«, 1957, mit Attila Hörbiger

81 »Der Meineidbauer«, 1956, mit Hans von Borsody ▷

D: Lil Dagover, Adrienne Gessner, Winnie Markus, Grete Zimmer; Erik Frey, Attila Hörbiger, Rudolf Prack, Walther Reyer u. a.
Ro: Baronesse Mary Vetsera
U: 28.2.1956

Der Meineidbauer (BRD)
Dr: Erna Fentsch nach dem Volksstück von Ludwig Anzengruber
R: Rudolf Jugert
D: Heidemarie Hatheyer; Hans von Borsody, Heino Hallhuber, Robert Freitag, Joseph Offenbach, Carl Wery u. a.
Ro: Marei Roth
U: 19.10.1956

Der Edelweißkönig (BRD)
Dr: Gerhard Menzel nach dem Roman von Ludwig Ganghofer
R: Gustav Ucicky
D: Ruth Kappelsberger, Olga von Togni; Attila Hörbiger, Rudolf Lenz u. a.
Ro: Veverl
U: 6.9.1957

Immer die Radfahrer (BRD/A)
Dr: Wolf Neumeister nach einer Idee von Hans Joachim Kulenkampff
R: Hans Deppe
D: Corny Collins, Waltraut Haas, Katharina Mayberg, Mady Rahl, Inge Meysel; Wolf-Albach Retty, Heinz Erhardt, Hans Joachim Kulenkampff u. a.
Ro: Angelika Zander
U: 1958

Der Bauer als Millionär (A)
von Ferdinand Raimund
Eine Aufführung der Salzburger Festspiele
R: Rudolf Steinboeck, Bildregie: Alfred Stöger
D: Käthe Gold, Renate Holm, Paula Wessely; Ernst Anders, Erich Auer, Erik Frey, Hugo Gottschlich, Josef Meinrad, Hans Moser, Kurt Sowinetz u. a.
R: Lottchen
U: 24.1.1961

Der Verschwender (A)
von Ferdinand Raimund
R: Kurt Meisel
D: Ulli Fessl, Adrienne Gessner, Inge Konradi, Loni von Friedl; Wolfgang Gasser, Walther Reyer, Richard Eybner, Boy Gobert, Wolfgang Hebenstreit, Fred Hennings, Josef Meinrad, Heinz Moog, Hanns Obonya, Andreas Wolf u. a.
Ro: Fee Cheristane
E: Januar 1964

Mensch, ärgere dich nicht (BRD)
Dr: Kurt Nachmann nach einer Story von Fritz Werner
R: Peter Weck
D: Corinna Genest, Uschi Glas, Veronika Fitz, Margot Mahler, Erni Singerl; Beppo Brem, Klaus Dahlen, Max Griesser, Bruno Hübner, Hans Korte, Karl Lieffen, Chris Roberts, Georg Thomalla u. a.
Ro: Felizitas Glöckner
E: 1972

82 »Hauptsache Ferien«, 1972, mit Peter Alexander

Hauptsache Ferien (BRD)
Dr: Reinhold Brandes und Mischa Mleinek
R: Peter Weck
D: Regina Claus, Blandine Ebinger, Renée Hepp, Marietta Meade; Peter Alexander, Balduin Baas, Martin Held, Theo Lingen u. a.
Ro: Ursula Kannenberg
U: 15.9.1972

Versuchung im Sommerwind (BRD)
Dr: Franz Seitz
R: Rolf Thiele
D: Yvonne Furneaux, Charlotte Kerr, Anita Mally; Alexander Allerson, Paul Hubschmid, Helmut Käutner, Peter Vogel u. a.
Ro: Assistentin des Professors
U: 28.12.1972

83 »Schtonk!«, 1992, mit (v.l.) Hermann Lause, Martin Benrath, Götz George und Harald Juhnke

Victoria (Schweden/BRD)
Dr: Bo Widerberg nach der Novelle von Knut Hamsun
R: Bo Widerberg
D: Michaela Jolin, Pia Skagermark; Hans Christian Blech, Erik Eriksohn, Gustav Kleen, Stephan Schwartz, Sigmar Solbach u. a.
Ro: Victorias Mutter
U: April 1979

Donauwalzer (A/BRD)
Dr: Susanne Philipp und Ulrike Schwarzenberger
R: Xaver Schwarzenberger
D: Jane Tilden; Harry Baer, Axel Corti, Hugo Gottschlich, Hanno Pöschl, Hans Michael Rehberg u. a.
Ro: Judith
U: 1985

For Parents Only (USA)
Dr: Beat Claire
R: Bill Shepherd
D: Heather Camille, Lisa Kaseman, Charlene Tilton; Chip Albers, Bob Frank, John Ingle, Bruce Lurie u. a.
Ro: Klara
Der Film wurde in einer deutschen Synchronfassung vom BR am 11.11.2003 unter dem Titel »Wer hat Angst vor Lilly« erstausgestrahlt.

Herr Ober! (BRD)
Dr: Gerhard Polt
R: Gerhard Polt und Fred Unger
D: Ulrike Kriener, Elisabeth Welz; Otto Grünmandl, Fritz Lichtenhahn, Gerhard Polt, August Schmölzer u. a.
Ro: Frau Held
U: 31.1.1992

Schtonk! (BRD)
Dr: Helmut Dietl, Ulrich Limmer u. a.
R: Helmut Dietl
D: Rosemarie Fendel, Veronica Ferres, Dagmar Manzel; Martin Benrath, Hark Bohm, Götz George, Thomas Holtzmann, Rolf Hoppe, Harald Juhnke, Hermann Lause, Georg Marischka, Ulrich Mühe, Uwe Ochsenknecht, Karl Schönböck u. a.
Ro: Freya von Hepp
U: 12.3.1992

Probefahrt ins Paradies (BRD)
Dr: Franz Bielefeld und Douglas Wolfsperger
R: Douglas Wolfsperger
D: Inge von Ambesser, Barbara Auer, Karin Nennemann, Kristina Walter; Mathias Gnädinger, Klaus Händl, Axel Milberg u. a.
Ro: Sister Ursula
U: 25.3.1993

Tafelspitz (A/BRD)
Dr: Ulrike Schwarzenberger
R: Xaver Schwarzenberger
D: Lorraine Landry, Annika Pages; Ed Brigadier, Fritz Eckhardt, Nicolas Kerasniewski-Artajo, Jan Niklas, Otto Schenk, Ron Small, Gerhard Tötschinger u. a.
Ro: Karoline Gschwantner
U: 28.4.1994

84 »Tafelspitz«, 1994, mit Otto Schenk

85 »Alles auf Anfang«, 1994, mit Detlev Buck

Alles auf Anfang (BRD)
Dr: Reinhard Münster nach einer Story von Pamela Katz
R: Reinhard Münster
D: Theresa Hübchen, Katharina Thalbach; Detlev Buck, Harald Juhnke, Florian Martens, Udo Samel u. a.
Ro: Lore Kuballa
U: 26.5.1994

Diebinnen (BRD)
Dr: John Salvati und Peter Weck
R: Peter Weck
D: Jennifer Nitsch, Lena Stolze; Heinz Baumann, Peter Ehrlich, Francis Fulton-Smith, Gert Haucke, Ulrich Meyer, Wolf Roth u. a.
Ro: Klara Herzog
U: 20.6.1996

Hunger - Sehnsucht nach Liebe (BRD)
Dr: Uli Buchner und Dana Vávrová
R: Dana Vávrová
D: Catherine H. Flemming, Barbara Focke,
Stephanie Richter; Jürgen Schornagel, Christian Tramitz u. a.
Ro: Lauras Mutter
U: 4.9.1997

Jimmy the Kid (BRD)
Dr: Martin Rauhaus, Donald E. Westlake u. a.
R: Wolfgang Dickmann
D: Leslie Malton, Sophie Moser, Nele Mueller-Stöfen; Rufus Beck, Wilfried Hochholdinger, Herbert Knaup, Roman Knizka, Jophi Ries u. a.
Ro: Mutter Mörsch

Die Gottesanbeterin (A/BRD)
Dr: Susanne Freund, Gerda E. Gressmann u. a.
R: Paul Harather
D: Ursula Koban, Tanja Petrovsky; Peter Faerber, Udo Kier, Jan Niklas, Nicholas Ofczarek u. a.
U: 27.9.2001

Der Räuber Hotzenplotz (BRD)
Dr: Claus Peter Hant, Ulrich Limmer u. a. nach den Romanen von Otfried Preußler
R: Gernot Roll
D: Barbara Schöneberger, Katharina Thalbach; Rufus Beck, Piet Klocke, Armin Rohde, Manuel Steitz, Martin Stührk u. a.
Ro: Großmutter
U: 23.3.2006

Fernsehen

(soweit feststellbar – geordnet nach den
Erstausstrahlungsterminen)
R = Regisseur, Dr = Drehbuch, D = Darsteller
(Damen und Herren getrennt und in alphabetischer
Reihenfolge), Ro = Christiane Hörbigers Rolle

1958
Ferdinand Raimund (ORF)
R: Horst Kepka
D: Brigitte Antonius; Peter Gerhard, Hugo Gottschlich, Helmut Janatsch, Peter Schratt u. a.
Ro: Toni Wagner

1960
Der Degen mit den Genien (ORF)
R: Wolfgang Glück
D: Winnie Markus; Hans von Borsody, Bruno Dallansky, Karl Ehmann, Josef Meinrad, Hans Olden u. a.
Ro: Barbara

Der jüngste Tag (ORF)
Dr: Erich Neuberg nach dem Schauspiel von Ödön von Horváth
R: Erich Neuberg
D: Gretl Elb, Paula Pfluger, Helli Servi; Bruno Dallansky, Josef Hendrichs, Hans Holt, Oskar Wegrostek u. a.
Ro: Anna

1961
Schweyk im zweiten Weltkrieg (ARD)
von Bertolt Brecht

86 »Der jüngste Tag«, 1960, mit Hans Holt

R: Rainer Wolffhardt
D: Hilde Krahl, Marianne Mosar; Rüdiger Bahr, Hans Otto Ball, Horst Breitenfeld, Harald Dietl, Hanns Ernst Jäger, Rudolf Rhomberg u. a.
Ro: Anna

1962
Das Mädel aus der Vorstadt (ARD)
von Johann Nestroy
Eine Aufführung des Burgtheaters im Theater an der Wien
R: Leopold Lindtberg
D: Josef Meinrad
Ro: Rosalie

Der Unschuldige (ARD)
Dr: Fritz Hochwälder
R: Wolfgang Glück
D: Friedl Czepa, Hildegard Sochor; Carl Bosse, Attila Hörbiger, Bruno Hübner, Franz Messner, Hans Olden, Hans Thimig u. a.
Ro: Christine Erdmann

Leutnant Gustl (ARD/NDR)
Dr: Norbert Kunze und Ernst Lothar (Dramatisierung) nach der Novelle von Arthur Schnitzler
R: John Olden
D: Ewald Balser, Egon von Jordan, Rolf Kutschera, Helmut Lohner, Kurt Meisel, Hans Moser, Ernst Stankovski, Peter Weck u. a.
Ro: Anna Riedl

Anatol (ARD/WDR)
von Arthur Schnitzler
R: Otto Schenk
D: Käthe Gold, Gerlinde Locker, Johanna Matz, Martha Wallner; Wolf Albach-Retty, Robert Lindner, Otto Schenk, Peter Weck u. a.
Ro: Cora in »Die Frage an das Schicksal«

Eine Nacht in Venedig (WDR)
von Richard Geneé und Friedrich Zell/Musik von Johann Strauß
R: Kurt Wilhelm
D: Alwy Becker, Ljuba Welitsch; Hans von Borsody, Herbert Fux, Hugo Gottschlich, Hugo Lindinger, Karl Paryla u. a.
Ro: Gerda Weyringer

1963
Der Bauer als Millionär (WDR)
von Ferdinand Raimund
R: Kurt Wilhelm
D: Vilma Degischer, Sabine Sinjen, Olga von Togni; Paul Hörbiger, Karl Paryla, Carl Wery u. a.
Ro: Die Jugend

Die Abenteuer des Háry János (ORF)
von Zolt Hansányi und Béla Paulini/Musik von Zoltán Kodály
D: Anna Tardi; Boy Gobert, Josef Meinrad, Otto Schenk u. a.
Ro: Marie Louise

Das Apostelspiel (ORF)
von Max Mell
R: Hans Thiemig, Bildregie: Erich Neuberg
D: Hanns Obonya, Walther Reyer, Hans Thimig
Ro: Magdalena

1964
Hofloge (NDR)
Dr: Toni Impekoven nach der Musikalischen Komödie von Karl Farkas/Musik von Hans Lang
R: John Olden
D: Liselotte Schreiner, Agnes Windeck; Gustl Datz, Dieter Henkel, Harald Leipnitz, Günther Neutze, Wolfgang Reichmann, Werner Veidt u. a.
Ro: Hortense

Die Kinder (ZDF)
von Hermann Bahr
Eine Aufführung des Euro-Studio/Konzertdirektion Landgraf
R: Hans Thimig, Erich Neuberg
D: Wolf Albach-Retty, Ernst Anders, Attila Hörbiger, Michael Janisch, Hans Thimig
Ro: Anna

Katharina Knie (ZDF)
Dr: Robert Gilbert nach dem Seiltänzerstück von Carl Zuckmayer
R: Theodor Grädler
D: Lina Carstens; Winfried Groth, Attila Hörbiger, Alexander Kerst, Gerhard Riedmann u. a.
Ro: Katharina Knie

1965
Fünfter Akt, siebte Szene. Fritz Kortner probt Kabale und Liebe (BR)
Proben-Dokumentation einer Aufführung der Münchner Kammerspiele
R: Hans Jürgen Syberberg
D: Christiane Hörbiger; Helmut Lohner

Brooklyn-Ballade (ARD)
R: Gerhard Klingenberg
D: Edda Seippel; Alfred Balthoff, Peter Brogle, Friedrich Joloff, Franz Kutschera, Hubert Suschka u. a.
Ro: Stella Goodman

An der schönen blauen Donau (ORF)
Dr: Barbara Tillian und Franz Hiesel
R: John Olden
D: Vilma Degischer, Lotte Lang; Erik Frey, Reinhard Glemnitz, Attila Hörbiger, Walter Kohut, Fritz Muliar, Hans-Peter Musäus, Karl Paryla,

Niko Schynol, Paul Verhoeven u. a.
Ro: Christine Gasser

1966
Die Donau-Geschichten (ORF)
TV-Serie
R: Wolfgang Glück und Imo Moszkowicz
D: Lotti Krekel, Erna Schickl; Theo Lingen, Willy Millowitsch, Hans Putz u. a.
Ro:

Das Märchen (NDR)
von Arthur Schnitzler
R: Theodor Grädler
D: Johanna Liebeneiner, Emmy Percy-Wüstenhagen, Gretl Schörg, Bibiane Zeller; Robert Dietl, Karl Walter Diess, Klaus Löwitsch, Karl-Georg Saebisch, Gustl Weishappel u. a.
Ro: Fanny Theren

Ein Phönix zuviel (ORF)
von Christopher Fry
R: Wolfgang Glück

87 »Ollapotrida«, 1966

D: Carla Hagen; Walther Reyer
Ro: Dynamene

Ollapotrida (ORF)
von Alexander Lernet-Holenia
R: Wolfgang Glück
D: Erika Pluhar; Fritz Lehmann, Erich Padalewski, Ernst Stankovski, Peter Vogel, Guido Wieland u. a.
Ro: Maria Lassarus

Tee und etwas Sympathie (ARD)
von Robert Anderson
R: Trude Kolman
D: Marlies Schönau; Stefan Behrens, Fritz Tillmann u. a.
Ro: Laura Reynolds

1969
Die Fee (SRG)
von Fritz Molnár
Eine Aufführung des Schauspielhauses Zürich
R: Ettore Cella und Hans Jaray
D: Gretl Schörg; Willy Birgel, Egon Kozna, Paul Robert, Hannes Siegl, Robert Tessen u. a.
Ro: Lu

1970
Jedermann (ORF/ZDF)
von Hugo von Hofmannsthal
Eine Aufführung der Salzburger Festspiele
R: Leopold Lindtberg, Bildregie: Hermann Lanske
D: Gisela Mattishent, Evi Servaes, Liselotte Schreiner, Sonja Sutter; Peter Arens, Kurt Heintel, Max Mairich, Heinz Reincke, Heinrich Schweiger, Ernst Schröder u. a.
Ro: Buhlschaft

1971
Der Schlafwagenkontrolleur (ZDF)
R: Heinz Schirk
D: Erna Sellmer; Alfred Böhm, Klaus Havenstein, Robert Meyn, Romuald Pekny, Henning Schlüter u. a.
Ro: Lucienne

1973
Was ihr wollt (ORF/ZDF)
von William Shakespeare
Eine Aufführung der Salzburger Festspiele
R: Otto Schenk
D: Sabine Sinjen, Christine Ostermayer; Klaus Maria Brandauer, Wolfgang Hübsch, Helmut Lohner, Heinz Marecck, Josef Meinrad, Karl Paryla, Hans Dieter Zeidler u. a.
Ro: Maria

Eine egoistische Liebe (ZDF)
Dr: Leopold Ahlsen nach D. H. Lawrences »Söhne und Liebhaber«
R: Wolfgang Liebeneiner
D: Irmgard Först, Anita Lochner; Heinz Baumann, Klaus Löwitsch u. a.
Ro: Clara Dawes

1976
Hund im Hirn (ZDF)
von Curt Goetz
R: Frank Guthke
D: Stefan Behrens, Carl-Heinz Schroth, Ralf Wolter
Ro: Eva

1977
Brennendes Geheimnis (BR/ZDF)
nach Stefan Zweig
R: Wilm ten Haaf
D: Nora Minor; Thomas Ohrner, Walther Reyer u. a.
Ro: Mathilde Blumberg

1979
Olympia (ORF/ZDF)
von Franz Molnár
R: Ludwig Cremer
D: Ursula Schult, Jane Tilden; Klaus Maria Brandauer, Bruno Dallansky, Erik Frey, Walther Reyer u. a.
Ro: Olympia

1980
Kolportage (ARD)
von Georg Kaiser
R: Peter Weck
D: Sissy Höfferer, Helen Vita, Edith Volkmann, Maria Wimmer;
Dieter Brammer, Sascha Hehn, Frank Muth, Georg Thomalla,
Klausjürgen Wussow u. a.
Ro: Karin

1982
Wenn wir verheiratet sind (ARD)
von J. B. Priestley
D: Elisabeth Wiedemann; Gert Haucke, Klaus Herm, Hans Korte,
Willy Millowitsch u. a.
Ro: Maria Helliwell

Mrs. Harris – Ein Kleid von Dior (ARD)
nach dem Roman von Paul Gallico
R: Peter Weck
D: Inge Meysel, Edith Volkmann; Günther Maria Halmer, Wolfgang
Preiss, Heinrich Schweiger, John Waddell u. a.
Ro: Mrs. Matthews

1986
Wilhelm Busch – Wer einsam ist, der hat es gut,
weil keiner da ist, der ihm was tut (ZDF)
Dr: Wolfgang Mühlbauer
R: Hartmut Griesmayr
D: Rosemarie Fendel, Pia Hänggi; Klaus Barner, Paul Ehrlich, Jörg Hube,
Towje Kleiner, Alexander May, Tobias Moretti, Wolfgang Völz u. a.
Ro: Johanna Keßler

Der Alte – Killer gesucht (ZDF)
Dr: Volker Vogeler
R: Alfred Weidenmann
D: Ditte Schupp; Michael Ande, Franz Böhm, Markus Boysen,
Charles M. Huber, Udo Vioff u. a.
Ro: Christa Beleitis

88 »Das Erbe der Guldenburgs«, 1987, mit Karl Heinz Vosgerau, Susanne Uhlen, Jochen Horst

1987–1989
Das Erbe der Guldenburgs (ZDF)
TV-Serie, 3 Staffeln, Pilotfilm und 39 Folgen
R: Jürgen Goslar und Gero Erhardt
D: Iris Berben, Katharina Böhm, Ingeborg Christiansen, Brigitte Horney, Ruth Maria Kubitschek, Ute Lemper, Susanne Uhlen; Wilfried Baasner, Jürgen Goslar, Stewart Granger, Jochen Horst, Karl Schönböck, Friedrich Schütter, Sigmar Solbach, Ernst Stankovski, Friedrich von Thun, Karl Heinz Vosgerau, Bernhard Wicki, Alexander Wussow u. a.
Ro: Gräfin Christine von Guldenburg

1987
Das andere Leben (WDR)
Dr: Leo Lehman
R: Nicolas Gessner
D: Elisabeth Endriss, Christiane Hammacher, Dinah Hinz, Lotte Ledl, Claudia Messner, Jane Tilden; Hark Bohm, Peter Brogle, Helmut Förnbacher, Dietrich Mattausch, Christian Quadflieg, Christoph Waltz, Andreas Wimberger u. a.
Ro: Agnes Brückner

1988
Derrick –Fliegender Vogel (ZDF)
Dr: Herbert Reinecker
R: Wolfgang Becker
D: Roswitha Schreiner, Dana Vávrová; Gert Burkard, Stefan Reck, Claude-Oliver Rudolph, Horst Tappert, Fritz Wepper u. a.
Ro: Dr. Brigitte Kordes

1989
Die spät bezahlte Schuld (BR)
Fernsehfilm nach Stefan Zweig
R: Guy Kubli
D: Klausjürgen Wussow u. a.
Ro: Margaret

1990
Der Alte – Er war nie ein Kavalier (ZDF)
Dr: Christa-Maria Brandmann
R: Günter Gräwert
D: Ulli Philipp, Beatrice Richter; Michael Ande, Markus Böttcher, Will Danin, Charles M. Huber, Rolf Schimpf, Stefan Wigger u. a.
Ro: Senta Greifswald

1991
Himmelsschlüssel (ZDF)
Dr: Herbert Lichtenfeld
R: Gero Erhardt
D: Maxi Biewer, Eva Christian, Dolly Dollar, Iska Geri, Jennifer Nitsch; Gerd Baltus, Marek Erhardt, Hans-Jürgen Schatz, Ernst Stankovski, Helmut Zierl u. a.
Ro: Linda Ludwig

1993
Derrick – Ein sehr trauriger Vorgang (ZDF)
Dr: Herbert Reinecker
R: Theodor Grädler
D: Dorothee Hartinger; Holger Handtke, Wilfried Hochholdinger, Manou Lubowski, Hans-Dieter Schwarze, Horst Tappert, Fritz Wepper, u. a.
Ro: Ricarda Hohner

Ein unvergessliches Wochenende ... in Salzburg (ZDF)
Dr: Brigitte Blobel und Matthias Herbert
R: Frank Strecker
D: Susanne Czepl, Michèle Marian, Gertraud Jesserer, Lonny Kellner; Christian Berkel, Michael Degen, Michael Lerchenberg, Siegfried Lowitz u. a.
Ro: Felicitas Scherrer

Von Frau zu Frau – Die Sammlerin (ZDF)
R: Peter Weck
D: Sabine Sinjen, Else Quecke; Matthieu Carrière, Ernst Jacobi u. a.
Ro: Alena Westorp

1994
Kommissar Rex – Endstation Wien (SAT 1)
R: Hajo Gies
D: Wolf Bachofner, Aleksander Bardini, Karl Markovics, Tobias Moretti, Fritz Muliar, Heinrich Schweiger, Alexander Strobele u. a.
Ro: Hermine Werner

Rosamunde Pilcher – Karussell des Lebens (ZDF)
Dr: Barbara Engelke nach einem Roman von Rosamunde Pilcher
R: Rolf von Sydow
D: Arnaid Iplijian, Aline Metzner, Eleonore Weisgerber, Barbara Wussow; Jacques Breuer, Axel Milberg, Georg Weber u. a.
Ro: Phoebe Shakelton

1995
Das Kapital (ORF)
Dr: Walter Wippersberg
R: Xaver Schwarzenberger
D: Dolly Dollar, Eva Klemt, Nina Proll; Herbert Haider, Miguel Herz-Kestranek, Harald Krassnitzer, Harald Pichlhöfer u. a.
Ro: Mutter

Ein Mann in der Krise – Zum Glück gibt's meine Frau (BRD/ORF)
Dr: Ulrike Schwarzenberger
R: Xaver Schwarzenberger
D: Petra Berndt, Birgit Linauer, Elfriede Ott, Bibiane Zeller; Christian

Futterknecht, Frank Hoffmann, Herwig Seeböck, Erwin Steinhauer,
Alexander Strobele u. a.
Ro: Klara Seyfried

A.S. – Die Diva (SAT 1)
Dr: Hartmann Schmige
R: Ilse Hofmann
D: Andrea Sawatzki; Klaus J. Behrendt, Ingo Naujoks, Otto Sander,
Hermann Treusch u. a.
Ro: Tatjana Landauer

Ich begehre dich (SAT 1)
Dr: Lida Winiewicz
R: Peter Weck
D: Karan Armstrong, Babsy Artner, Doris Kunstmann, Alexandra
Maria Lara; Francis Fulton-Smith, Tilman Günther, Dietrich Mattausch,
Peter Weck u. a.
Ro: Alexandra Meyberg

Derrick – Derricks toter Freund (ZDF)
Dr: Herbert Reinecker
R: Theodor Grädler
D: Gertraud Jesserer; Traugott
Buhre, Walter Renneisen, Willy
Schäfer, Jürgen Schmidt, Horst
Tappert, Fritz Wepper u. a.
Ro: Martha Hauser

1996
Hofrat Geiger (ORF)
R: Peter Weck
D: Birgit Stauber, Jane Tilden;
Fritz Karl, Otto Tausig, Peter Weck
u. a.
Ro: Marianne Mühlhuber

89 »Hofrat Geiger«, 1996,
mit Peter Weck

1997
Weißblaue Geschichten – Bruderherzen/Die Härte des Gesetzes (ZDF)
R: Peter Weissflog
D: Jacques Breuer, Pascal Breuer, Peter Weck u. a.
Ro: Richterin Rita Falkenstein

Derrick – Verlorener Platz (ZDF)
Dr: Herbert Reinecker
R: Alfred Weidenmann
D: Natali Seelig, Irina Wanka; Holger Handtke, George Lenz, Horst Tappert, Fritz Wepper, Klausjürgen Wussow u. a.
Ro: Lore Lenau

Lamorte (ORF/BR)
Dr: Ulrike Schwarzenberger
R: Xaver Schwarzenberger
D: Senta Berger, Nicole Heesters, Elfriede Irrall, Gertraud Jesserer, Inge Konradi, Lotte Ledl, Paola Loew, Else Ludwig, Ulli Philipp, Dolores Schmidinger, Bibiane Zeller; Jonathan Kinsler, Friedrich von Thun u. a.
Ro: Mona

90 »Lamorte«, 1997, mit Ulli Philipp, Lotte Ledl, Bibiane Zeller, Dolores Schmidinger, Elfriede Irrall, Senta Berger

Ein Schutzengel auf Reisen (ORF)
Dr: Lida Winiewicz
R: Peter Weck
D: Bettina Giovannini, Olivia Pascal; Gerd Baltus, Ivan Desny, Fritz Muliar, Axel Pape, Ulrich Reinthaller, Otto Schenk, Otto Wanz, Peter Weck u. a.
Ro: Sonja Schretter

1998
Busenfreunde 2 – Alles wird gut (PRO 7)
Dr: Barbara Jago
R: Thomas Berger
D: Juliane Köhler, Aglaia Szyszkowitz; Felix Eitner, Jan Josef Liefers, Ulrich Noethen, Stefan Reck u. a.
Ro: Gerda

Letzte Chance für Harry (ARD)
Dr: Rolf-René Schneider
R: Karsten Wichniarz
D: Gudrun Okras, Birge Schade; Dominik Janisch, Harald Juhnke, Horst-Günter Marx, Günter Pfitzmann, Herbert Stass, Rolf Zacher, Satiago Ziesmer u. a.
Ro: Daniela Koch

1999
Der Preis der Sehnsucht (SWR)
Dr: Johannes Reben
R: Christian Görlitz
D: Karoline Eichhorn, Eva Hosemann; Sylvester Groth, Albert Kitzel, Andreas Widmann u. a.
Ro: Dr. Petra Klinger

1999–2003
Julia, eine ungewöhnliche Frau (ARD/ORF)
TV-Serie, 4 Staffeln, 65 Folgen
Dr: Peter Mazzuchelli u. a.
R: Walter Bannert, Holger Barthel, Gero Erhardt, Peter Sämann
D: Ulrike Beimpold, Konstanze Breitebner, Sissy Höfferer, Johanna Mertinz, Marion Mitterhammer, Paula Polak, Bibiane Zeller; Peter

Bongartz, Franz Buchrieser, Ludwig Dornauer, Michael König, Fritz Karl, Alexander Pschill, August Schmölzer, Alexander Waechter u. a.
Ro: Dr. Julia Laubach

Schwiegermutter (ZDF)
Dr: Laila Stieler
R: Dagmar Hirtz
D: Monica Bleibtreu, Marie Gruber, Bettina Kupfer, Camilla Renschke; Matthias Fuchs, Martin Glade, Peter Lerchbaumer u. a.
Ro: Anna

Schimanski – Schimanski muss leiden (ARD)
Dr: Michael Klaus
R: Matthias Glasner
D: Suzanne von Borsody, Denise Virieux; Götz George, Chiem van Houweninge, Tayfun Bademsoy, Ulrich Matschoss u. a.
Ro: Simone Popp

2001
Klaras Hochzeit (SWR)
Dr: Johanna Reben
R: Christian Gölitz
D: Emanuela Garuccio, Heidy Forster, Inge Keller, Irene Kugler; Omero Antonutti, Frank Auerbach, Dominik Glaubitz, Dietrich Mattausch, Felix Theissen, Stefano Vitali u. a.
Ro: Klara

2003
Alpenglühen (ARD/NDR)
Dr: Thomas Kirdorf
R: Hajo Gies
D: Brigitte Janner; Götz George, Andreas Herrmann, Fritz Karl, Dietmar König, Peter Matic, Anton Pointecker, Peter Sattmann u. a.
Ro: Rosa Mayrhofer

2004
Blatt und Blüte – Die Erbschaft
Dr: Susanne Freund
R: Michael Kreindl

D: Marie-Christine Friedrich, Brigitte Kren, Erni Mangold; Claus Theo Gärtner, Götz George, Gerhard Naujoks, Rafael Schuchter, Johannes Silberschneider, Alexander Strobele u. a.
Ro: Victoria

Utta Danella – Das Familiengeheimnis (ARD)
2-teilig
Dr: Christiane Daslo nach einem Roman von Utta Danella
R: Heidi Kranz
D: Christiane Blumhoff, Johanna-Christine Gehlen, Stephanie Kellner, Dennenesch Zoudé; Franz Buchrieser, Hardy Krüger Jr., Martin Lüttge, Gerd Silberbauer u. a.
Ro: Jona Goltz

Alpenglühen zwei – Liebe versetzt Berge (ARD/NDR)
Dr: Thomas Kirdorf
R: Hajo Gies
D: Sonja Kirchberger, Brigitte Janner; Götz George, Miguel Herz-Kestranek, Juraj Kukura, Oliver Mommsen, Anton Pointecker, Wolfgang Kühne, Rainer Luxem u. a.
Ro: Rosa Mayrhofer

2005
Neue Freunde, neues Glück
Dr: Gabriela Zerhau
R: Christine Kabisch
D: Kornelia Boje, Sarah Camp, Monika Peitsch, Anna Schudt, Tatja Seibt, Heidelinde Weis; Ernst Jacobi, Dieter Kirchlechner u. a.
Ro: Nele Ungureit

Mathilde liebt (WDR)
Dr: Judith Angerbauer und Matthias Glasner
R: Wolfram Paulus
D: Joana Fink-Mendl, Bettina Hauenschild, Kathi Leitner, Barbara Philipp; Robert Joseph Bartl, Fritz Egger, Michael Mendl, Elmar Wepper u. a.
Ro: Mathilde Kramer

Hengstparade (ARD)
Dr: Felix Huby
R: Michael Kreindl
D: Irene Clarin, Eva Herzig, Katja Studt, Daniela Ziegler; Bernd Herzsprung, Michael Mendl, Michael Roll, Siemen Rühaak, Andreas Schwaiger u. a.
Ro: Hella Fischer

2006
Die Frau im roten Kleid (ARD)
Dr: Claus Cornelius und Manfred Kosmann
R: Thomas Jacob
D: Peggy Champion, Nora Collins, Petra Kelling, Gene Kuhn, Verena Peter, Katja Studt; Michael Greiling, Patrick Lyster, Bernhard Schir u. a.
Ro: Ines Kupfer

Heute fängt mein Leben an (ARD)
Dr: Silke Zertz
R: Christine Kabisch
D: Ingrit Dohse, Marlies Engel, Elisabeth Scheren, Denise Zich; Jens Peter Brose, Michael König, Walter Kreye, Maximilian von Pufendorf u. a.
Ro: Hedi Ohlsen

2006–2008
Zwei Ärzte sind einer zuviel (ZDF)
4 Episoden
Dr: Michael Baier und Hans Henner Hess
R: Karsten Wichniarz
D: Hilde Dalik, Enzi Fuchs, Nina Rothemund; Wolfgang Fierek, Walter Kreye, Elmar Wepper, Anton Pointecker u. a.
Ro: Anna Luise Albrecht

2007
Die Geschworene (ARD/ORF)
Dr: Susanne Freund nach einem Roman von Katharina Zara
R: Nikolaus Leytner
D: Sandra Cervik, Philippa Galli, Lotte Ledl, Fanny Matschnig, Gertrud Roll, Franziska Weisz; Peter Faerber, Michael König, Heinz Marecek, Peter Matic, Robert Meyer, Nicholas Ofczarek, Hary Prinz, Erwin Steinhauer u. a.
Ro: Hanni Winter

Alma ermittelt – Tango und Tod (ZDF)
Dr: Andreas Föhr und Thomas Letocha
R: René Heisig
D: Katharina Böhm, Bettina Redlich, Marie Zielke; Markus Brandl, Lukas Gregorowicz, Michael Grimm, Michael Gwisdek, August Schmölzer u. a.
Ro: Alma Mitterteich

Niete zieht Hauptgewinn (ARD)
Dr: Elisabeth Schwärzer
R: Helmut Metzger
D: Kim Fischer, Alexandra Kalweit, Beatrice Richter; Peter Fröhlich, Thomas Limpinsel, Michael Mendl, Volker Metzger, Ludger Pistor u. a.
Ro: Marie Gruber

2008
Der Besuch der alten Dame
(ARD/ORF)
Dr: Thomas Eifler und Susanne Beck nach dem Theaterstück von Friedrich Dürrenmatt
R: Nikolaus Leytner
D: Muriel Baumeister, Kathrin Beck, Lisa Kreuzer; Hans von Borsody, Martin Exel, Dietrich Hollinderbäumer, Rolf Hoppe, Bernhard Majcen, Dietrich Mattausch, Michael Mendl u. a.
Ro: Claire Zachanassian

2009
Annas zweite Chance (ORF)
Dr: Sascha Bigler und Susanne Freund
R: Karsten Wichniarz
D: Marianne Mendt, Anne Mertin, Petra Morzé, Veronika Polly, Susi Stach; Simon Morzé, Erich Padalewski, Erwin Steinhauer, Friedrich von Thun u. a.
Ro: Anna

91 »Der Besuch der alten Dame«, 2008

Namenverzeichnis

Adenauer, Konrad 56
Ahlers, Conrad 57
Albert, Eddie 137
Alexander, Hilde 198
Alexander, Peter 198
Allen, Woody 91
Altenberg, Peter 179
Amberg, Agnes 66
Anders, Ernst 179
Augstein, Rudolf 56

Bacher-Wagner, Lisl 65, 71
Baerlocher, Nicolas 144
Bahr, Hermann 19, 59, 112, 131
Barlach, Ernst 109
Barrault, Jean-Louis 134
Baumann, Guido 198
Bäumer, Marie 75
Becker, Maria 75
Behm, Hans Wolfgang 153f.
Behrendt, Fritz 192
Bei, Albert 216, 218
Bei, Leo 216, 218
Bei, Ella 216, 218
Benrath, Martin 101

Berger, Senta 75, 80
Beust, Ole von 210
Bichsel, Peter 194
Bigler, Robert R., »Robi« (Saschas Halbbruder) 125, 178
Bigler, Rolf R. (verstorbener zweiter Ehemann) 9, 23, 49, 55f., 61, 73f., 80, 92f., 105, 113, 117f., 125, 127ff., 179, 186, 191ff., 197ff., 225
Bigler, Luca (Enkel) 34, 92, 96, 103f., 109, 116, 164, 181, 182ff., 228
Bigler, Sascha (Sohn) 9, 21, 23, 34, 40, 42, 49, 55, 59, 61, 73f., 82f., 91ff., 96, 98f., 103f., 107, 109, 117f., 121, 124ff., 128, 131f., 138, 158, 178, 181ff., 191, 194, 200, 208, 228
Bigler, Yvonne 49, 199
Billroth, Theodor 152
Bischof, Hemma s. Winkler, Hemma
Blanc, Anne-Marie 142f.
Bodmer, Johann Jakob 145
Bogart, Humphrey 102
Bondy, François 219
Bondy, Luc 219

Bönisch, Margit 111
Bosch, Hieronymus 109
Brandauer, Klaus Maria 46, 131
Breton, André 93
Bucerius, Gerd 22, 55, 194, 198
Bucerius, Ebelin 198
Büchner, Georg 194
Busch, Wilhelm 189

Canetti, Elias 121
Carl, Rudolf 175
Carl-August, Herzog von Sachsen 145
Caruso, Enrico 134
Chaplin, Charles 93
Christie (Au-pair-Mädchen) 92, 200
Claudel, Paul 195
Cohn, Arthur 49, 93

Darcy (Au-pair-Mädchen) 92
Deltgen, René 194
Deutsch, Ernst 178
Dietl, Helmut 38, 100f.
Dittrich (Prager Familie) 112
Domingo, Placido 134
Dubrovic, Milan 221
Düggelin, Werner 135
Dürrenmatt, Friedrich 121, 179f., 194f., 227
Dürrenmatt, Lotti 194
Dvorak, Felix 61, 149

Edthofer, Anton 219
Ehrenstein, Hermine 32, 177
Elizabeth II., Queen 202
Erhardt, Heinz 203
Erny, Béla 113, 158
Ertl, Viktoria (Ehefrau Alois Hörbigers d.J.) 19f.

Fellini, Federico 102
Ferrer, José 103

Ferrer, Mel 137
Ferres, Veronica 75, 101
Fink, Franz 113
Fischer, Gisela 219
Fischer, Samuel 219
Fleischmann (Ehepaar) 28
Flynn, Errol 33
Forst, Willi 22
Forster, Rudolf 23
Frank (Freund Sascha Biglers) 40
Franz Joseph I., Kaiser 19, 202
Freud, Sigmund 173
Freund, Susanne 138
Friedell, Egon 223
Friedl, Loni von 59
Frisch, Christl 192
Frisch, Karl von 192
Frisch, Max 121, 179f.

Gable, Clark 33, 93, 102
Geiger, Arno 181
Gélin, Daniel 108
George, Götz 26, 38, 59f., 101
Gessner, Bibi 93, 199
Ghega, Carl von 152
Glavinic, Thomas 181
Glück, Franz 219f.
Glück, Wolfgang (erster Ehemann) 37, 107, 117, 219f.
Gobert, Boy 161
Goebbels, Joseph 218
Goethe, Johann Wolfgang von 14, 45, 58, 96, 118, 145, 190
Gogol, Nikolai Wassiljewitsch 54
Goldberg, Laura (Schwiegertochter) 91f., 96, 98, 103f., 109, 178, 182ff., 228
Göring, Hermann 100
Gottschlich, Hugo 100
Grabowsky, Eynar 179
Granger, Stewart 33
Grass, Günter 58

Gründgens, Gustaf 87f.
Gschweidl, Friedrich, »Fritz« 172
Gutwenger, Madeleine 165

Haeusserman, Ernst 80, 83f., 86f., 172
Hannapi, Gerhart 172
Hatheyer, Heidemarie 52, 193
Hauk, Walter 60f.
Hauptmann, Gerhart 178
Hawke, Ethan 91
Haydn, Joseph 225
Heesters, Nicole 75, 80
Heger, Grete 194
Heltau, Michael 221, 223
Henisch, Peter 162
Hepburn, Audrey 137f.
Hermanovsky-Orlando, Fritz von 41
Hitler, Adolf 81f., 193
Hochwälder, Friedrich 121, 179, 194
Hochwälder, Susi 121, 193f.
Hofmannsthal, Hugo von 75, 79
Holecek, Heinz 61, 63, 223
Hollmann, Hans 41, 119, 124, 135
Holtzmann, Thomas 45f., 101
Holzmeister, Judith 75, 223
Hoppe, Rolf 101
Hopper, Edward 91
Hörbiger, Alfred (Onkel) 20, 82, 152, 156, 158, 170, 172
Hörbiger, Alois (d. Ä.) 18
Hörbiger, Alois (d. J., Ururgroßvater) 18ff., 154, 157
Hörbiger, Amalie 19
Hörbiger, Attila (Vater) 8, 15, 18, 21ff., 29, 44f., 54f., 66, 75ff., 81f., 84, 97, 102, 105, 107, 112f., 126f., 152, 159, 167, 169f., 172f., 175, 177, 192, 196, 205, 208, 218, 221, 225
Hörbiger, Bartholomäus 18
Hörbiger, Doris, »die Goschi« 33, 192

Hörbiger, Elisabeth s. Orth, Elisabeth
Hörbiger, Hanns (Großvater) 20, 82, 152ff., 168ff., 188
Hörbiger, Hans Robert 156, 158, 170, 203
Hörbiger, Lambertus 18
Hörbiger, Leopoldine (Großmutter) 68, 157ff., 162, 167, 169f.
Hörbiger, Maresa (Schwester) 20, 22, 25, 33, 60f., 68, 102, 106f., 169, 186, 192, 215, 219, 225f.
Hörbiger, Martina, »Tante Tinerl« 156, 172
Hörbiger, Mavie 161
Hörbiger, Monika 21, 171
Hörbiger, Paul (Onkel) 21, 33, 76, 84, 159, 161, 168ff.
Horch, Franz 215
Hoss, Nina 75, 208
Hübsch, Wolfgang 131
Huisman, Loek 221

Ibach, Alfred 215

Jacobi, Claus 56ff.
Jacobi, Heike 56, 58
Jaray, Hans 33, 193, 220f.
Jaray, Michaela 193
Jürgens, Curd 80
Jürgens, Jenny 59
Jürgens, Udo 58f.
Juhnke, Harald 12, 101
Jungbluth, Robert 223

Kabitzky, Wolf 197
Kainz, Josef 165
Kaiser, Georg 53
Kaléko, Mascha 179
Kant, Immanuel 105, 113, 116
Karajan, Herbert von 42, 102

Karl der Große, Kaiser 119
Keaton, Diane 96
Keel, Daniel 102
Kehlmann, Michael 194
Keller, Gottfried 120f.
Keller, Marthe 75
Kessel, Sophie von 75
Kielhausen, Karin 31, 192
Kishon, Ephraim 197
Klingohr, Rudolf 61
Knöcklein, Elisabeth 33
Koczian, Johanna von 197
Kodály, Zoltan 160f.
König, Kardinal Franz 223
Körner, Alfred 172
Körner, Robert 172
Kortner, Fritz 83ff., 135, 177f.
Kreuder, Peter 194
Kubrick, Stanley 91
Küppers, Topsy 149
Kulenkampff, Hans Joachim 203
Kumpf, Gottfried 61, 113
Kumpf, Guni 113

Leeb (Urgroßvater) 19, 155ff.
Lehmann, Kardinal Karl 210
Leipnitz, Harald 160
Lenin, Wladimir Iljitsch 118
Lennon, John 91
Lernet-Holenia, Alexander 37
Lessing, Gotthold Ephraim 80, 148
Leuwerik, Ruth 208, 213
Liewehr, Fred 25, 221
Lindtberg, Leopold 8, 45, 77ff., 89, 117, 135
Lingen, Theo 175
Lingen, Ursula 55
Liszt, Franz 225
Lohner, Helmut 46, 59, 84f., 87, 119, 180, 196ff., 223
Lohner, Therese 87
Lyssewski, Dörte 75

Madonna 91
Malkovich, John 162
Mandl, Felix 105
Mann, Erika 118
Mann, Golo 144ff.
Mann, Thomas 140ff.
Manzel, Dagmar 101
Marai, Sandor 181
Marecek, Heinz 47
Maria, »Dida« (Kinderfrau Saschas) 93, 129, 191, 194, 196, 198
Maria (mexikan. Kinderfrau Lucas) 185
Markus, Georg 61, 168
Masina, Giulietta 102
Mayer, Hans 180
Meinrad, Josef 46, 161
Meisel, Kurt 55
Merz, Carl 175
Miller, Arthur 91
Möller, Barbara 36
Molnár, Franz 10, 111
Monaco, Mario del 102
Monroe, Marilyn 93
Mozart, Wolfgang Amadeus 202
Mühe, Ulrich 101
Münster, Reinhard 12
Müthel, Lola 75, 149

Nayhauß, Mainhardt Graf 57
Nestroy, Johann 8
Niessen, Charly 194

Obonya, Attila 166, 186
Obonya, Cornelius 34, 80
Obonya, Hanns (Schwager) 80
Ochsenknecht, Uwe 101
Ocwirk, Ernst 172
Offenbach, Jacques 160
Orth, Elisabeth (Schwester) 15, 20, 23f., 33, 49, 60f., 80, 102, 106, 159, 166, 186, 192, 215, 218f., 225f.

Ostermayer, Christine 47
Österreicher, Richard 201

Palmer, Lilli 51, 194
Paryla, Karl 194
Peck, Gregory 137f.
Pflug, Eva 149
Philipp, Gunther 33
Pichler (Reiseleiter in New York) 98f.
Pimmer, Mimma 50
Pinter, Harold 142
Polgar, Alfred 179
Porter, Cole 185
Preminger, Otto 54
Pröll, Erwin 205

Qualtinger, Helmut 175, 197

Raimund, Ferdinand 66f., 84, 87, 123, 172, 179
Rehberg, Hans Michael 100
Rehm, Carla 60
Reincke, Heinz 63
Reinhardt, Max 35, 76, 79, 81, 227f.
Reisch, Walter 94
Relin, Veit 25
Reyer, Walther 25
Riess, Curt 193
Ringelmann, Helmut 113
Rismondo, Piero 79, 88
Rodin, Auguste 109
Rosegger, Peter 98
Rossellini, Isabella 162
Rothenberger, Anneliese 194, 196
Rühmann, Heinz 180

Salis, Jean Rodolphe von 193f.
Samel, Udo 12
Santner, Inge 194
Scarpi, N.O. 219
Schenk, Otto 47f., 63, 135, 161, 194, 196f.

Schenk, Renee 63, 194, 196f.
Schewe, Heinz 150
Schiller, Friedrich 83
Schimpf, Rolf 149
Schliesser, Roman 54f.
Schnitzler, Arthur 25, 54, 119, 177
Schönberger, Frances 94
Schörg, Gretl 192f.
Schröder, Ernst 76, 79f., 130
Schrödinger, Erwin 152
Schubert, Franz 225
Schuh, Elisabeth 32
Schuh, Franz 32, 45, 66
Schwarzenberger, Ulli 100
Schwarzenberger, Xaver 38, 65, 99f., 208f.
Schwarzenegger, Arnold 99
Schweiger, Heinrich 223
Schwiers, Ellen 75
Seidler, Alma 216
Serafin, Harald 61
Sex Pistols 91
Shakespeare, William 10, 87, 142, 197
Simmel, Johannes Mario 194
Sinatra, Frank 91, 103
Sindelar, Matthias 172
Sinjen, Sabine 47
Skoda, Albin 77
Slezak, Leo 174
Slezak, Walter 175
Spiehs, Carl 138
Springer, Axel 131
Springer, Carlos 149
Stockinger, Bernd 101
Stolberg, Brüder 145
Stoppard, Tom 148
Strauß, Franz Josef 57, 208
Streisand, Barbra 91
Stricker, Toni 171
Suttner, Bertha von 152
Syberberg, Hans Jürgen 84, 152

Tardi, Anna 161
Terkal, Karl 213
Thalbach, Katharina 12
Thimig, Helene 46, 76
Thomalla, Georg 83
Thompson, Carlos 194
Thun, Friedrich von 19, 149
Thun, Graf Leo 19
Tilden, Jane 100
Tiller, Nadja 75
Tobisch, Lotte 193
Topor, Roland 152
Torberg, Friedrich 177f., 197
Tötschinger, Gerhard 7ff., 23ff.. 38, 40, 42ff., 54, 57, 59ff., 66, 71, 73, 90, 93, 96ff., 101, 107ff., 113f., 119, 131, 138, 141ff., 149f., 160, 165, 171, 174ff., 180ff., 185ff., 193, 201ff., 206, 208, 210ff., 214, 218, 221
Toulouse-Lautrec, Henri de 103
Trebitsch, Markus 56
Tremper, Celia 51
Tremper, Will 49, 51, 93, 178
Trenet, Charles 108
Trenker, Luis 96
Trentini, Albert von 157, 159
Tucholsky, Kurt 118

Ucicky, Gustav 218
Ustinov, Peter 208

Valentin, Karl 9
Verdi, Giuseppe 202
Vicious, Sid 91
Vogel, Peter 37

Waggerl, Karl Heinrich 98
Warhol, Andy 91
Washington, George 98
Weber, Gerhard 212
Weck, Barbara 55
Weck, Ingrid, »Mausi« 49, 52, 54f., 58, 62, 192, 194, 200
Weck, Peter 49, 52ff., 58, 135, 192, 194, 198, 200, 223
Weigand (Innsbrucker Familie) 22
Weigel, Hans 81, 221
Wessely, Anna (Großmutter) 162ff., 167
Wessely, Carl (Großvater) 66, 162f., 165f.
Wessely, Josefine 165
Wessely, Maria, »Mitzi« (Tante) 66, 163, 221
Wessely, Paula (Mutter) 9, 15, 20, 23ff., 44f., 50, 55, 66, 76, 88, 94, 96, 100, 105, 107, 112f., 123f., 126, 140ff., 150f., 161, 163, 165, 167, 192, 196, 205, 208f., 212, 215ff.
Widmer, Sigi 197
Wilder, Billy 94
Wimmer, Maria 149
Winkler, Hemma 31
Witting, Dieter 49
Witting, Samuel 186
Wyler, William 137

Zeidler, Hans Dieter 46
Zeller, Carl 14, 203

Bildnachweis

Privatarchiv Hörbiger: 1–16; 17 (Foto: ENA Press/Michael Wolf);
19, 22, 23; 24 (Foto: Will Appelt, Wien); 25; 26 (Foto: Liz Höbarth und
Andreas Jacobi, München); 28, 30, 32, 34, 35, 38, 40–46; 47 (Foto: Peter Lehner);
49–54; 55 (Foto: Leo-Heinz Hajek, Wien); 56–59, 61, 62, 64; 65
(Fernsehwoche, Heinrich Bauer Verlag/Foto Jan Schulz); 67, 68; 70
(Foto: Bruno Völkel, Wien); 73; 80 (Foto: Reiter/Ostermayr); 81
(Foto: Eichberg-Film/Allianz Film); 86 (ORF).

Deutsches Theatermuseum, München/Archiv Hildegard Steinmetz: 33, 71;
Filmdokumentationszentrum/Filmarchiv Austria, Wien: 18, 29, 36, 37, 39, 48,
66, 82–85, 87–90; Elisabeth Hausmann/Archiv Burgtheater; 21, 75;
IMAGNO/Barbara Pflaum, Wien: 60; Archiv der Salzburger Festspiele/
Foto: Hildegard Steinmetz: 31; Stadtarchiv Zürich: 20, 72; Ziegler Film/Wega Film –
Foto: Toni Muhr: 69, 91; Leonard Zubler, Zürich: 27, 63, 74, 76–79.

Frontispiz: Ziegler Film – Foto: Julia Terjung

Farbteil:

Privatarchiv Hörbiger: 1–10, 19; 20 (Foto Otti Lohss, München).

Filmdokumentationszentrum/Filmarchiv Austria, Wien: 11, 12–15;
Post AG/Prof. Zeiler: 16; Post AG/Renate Gruber: 17; Ziegler Film/
Wega Film – Foto: Toni Muhr: 16.

Der Verlag konnte in einzelnen Fällen die Inhaber der Rechte nicht ausfindig
machen. Er bittet, ihm bestehende Ansprüche mitzuteilen.